30天注意力提升

第二阶 | 训练册「学生用」

杨其铎 刘津 刘人嘉 著

湖南科学技术出版社

图书在版编目（CIP）数据

30天注意力提升. 第二阶 / 杨其铎等著. -- 长沙：湖南科学技术出版社，2019.1
(2022.6重印)
ISBN 978-7-5357-9994-4

Ⅰ. ①3… Ⅱ. ①杨… Ⅲ. ①注意－能力培养－小学－教学参考资料 Ⅳ. ①G625.5

中国版本图书馆CIP数据核字(2018)第243867号

30TIAN ZHUYILI TISHENG DIERJIE
30天注意力提升 第二阶

著　　者：杨其铎　刘　津　刘人嘉
责任编辑：何　苗　柏　立
出版发行：湖南科学技术出版社
社　　址：长沙市湘雅路276号
　　　　　http://www.hnstp.com
湖南科学技术出版社天猫旗舰店网址：
　　　　　http://hnkjcbs.tmall.com
印　　刷：长沙三仁包装有限公司
　　　　（印装质量问题请直接与本厂联系）
厂　　址：长沙市宁乡高新区泉洲北路98号
邮　　编：410604
版　　次：2022年6月第2版
印　　次：2022年6月第4次印刷
开　　本：889mm×1194mm　1/16
印　　张：16.25（共二册）
书　　号：ISBN 978-7-5357-9994-4
定　　价：80.00元(共二册)

（版权所有·翻印必究）

目录

第 1 日训练 …………………………………………………………………………… 1
第 2 日训练 …………………………………………………………………………… 6
第 3 日训练 …………………………………………………………………………… 11
第 4 日训练 …………………………………………………………………………… 17
第 5 日训练 …………………………………………………………………………… 23
第 6 日训练 …………………………………………………………………………… 28
第 7 日训练 …………………………………………………………………………… 32
第 8 日训练 …………………………………………………………………………… 36
第 9 日训练 …………………………………………………………………………… 41
第 10 日训练 ………………………………………………………………………… 47
第 11 日训练 ………………………………………………………………………… 51
第 12 日训练 ………………………………………………………………………… 55
第 13 日训练 ………………………………………………………………………… 59
第 14 日训练 ………………………………………………………………………… 64
第 15 日训练 ………………………………………………………………………… 69
第 16 日训练 ………………………………………………………………………… 73
第 17 日训练 ………………………………………………………………………… 77
第 18 日训练 ………………………………………………………………………… 81
第 19 日训练 ………………………………………………………………………… 87
第 20 日训练 ………………………………………………………………………… 92
第 21 日训练 ………………………………………………………………………… 96

第 22 日训练……………………………………………………………………100

第 23 日训练……………………………………………………………………106

第 24 日训练……………………………………………………………………110

第 25 日训练……………………………………………………………………115

第 26 日训练……………………………………………………………………119

第 27 日训练……………………………………………………………………124

第 28 日训练……………………………………………………………………128

第 29 日训练……………………………………………………………………132

第 30 日训练……………………………………………………………………136

第 1 日

第一项　净心训练　　静坐（5分钟）

目的　通过此项训练，使学生的心和身都静下来，以空灵的状态专心接受下面的各项训练。

准备　准备好做训练用的桌子、椅子或者一块垫子。一个一次性杯子，里面装进约1～2厘米高的大米或小米，上口用胶纸封好。

要求　学生端坐在椅子上或者盘腿坐在垫子上，两手放于膝盖；将装有米的杯子顶在头顶上；腰背挺直，全身肌肉放松；闭目；均匀呼吸，并逐渐放慢。一边数呼吸的次数，一边听轻柔舒缓的音乐，这样持续坐5分钟。

记录　将在5分钟内呼吸的次数及杯子掉下来的次数记录在下面的训练报告表中。

目标　逐渐达到静坐时呼吸的次数和头顶杯子掉下的次数一次比一次少为好。

训练报告表

第一项　净心训练 **静坐**	所用时间：　　分钟	呼吸次数：　　次	掉杯子数：　　次

第二项　定点注视　　注视一点不动

目的　通过此项训练，激活视网膜上的锥体细胞、杆体细胞，增强视觉集中能力。

准备　从"教材·答案册"书后取出卡片1。

要求　将卡片1平置于距离眼睛20厘米处，目不转睛地连续盯视1分钟，尽量不眨眼睛，看黑点下面是否出现白色晃动的光晕。之后，眼睛看着墙壁，墙壁上应该出现一个白色的点子。数从看到白色点子到点子消失时间的长短（可数数，一秒一个数计）。连续做三次。

记录 把从看到白点子到消失的时间记录在下面的训练报告表中。

目标 逐渐达到白色光晕出现得越来越快，墙上白色点子持续的时间越来越长为好。

训练报告表

第二项 定点注视 注视一点不动	第一次影像延续时间： 秒	第一次影像延续时间： 秒	第一次影像延续时间： 秒

第三项 听觉集中　　数出几个指定数字的数目

目的 通过此项，训练学生的听觉，提高能够排除其他数字的干扰，集中于指定目标的能力。

要求 听家长读数列，数出指定数字（"2"，"4"，"6"，"8"）各有几个。听一遍数列，数一个数字，例如：听第一遍时，数有几个"2"，听第二遍，数有几个"4"……。数四个数字，要听四遍。

注意 不能用笔计数。

记录 把每个指定数字（4个）的数目记录在下面的训练报告表中。

目标 以不用手指计数，用心计数为好；以数对的多为好，数对4个最好。

训练报告表

第三项 听觉集中 数出几个指定数字 的数目	2：　　个	4：　　个	6：　　个	8：　　个

第四项 注意力测试　　视觉测试

目的 检测在未参加此册训练前（第1日）学生的视觉注意水平，以便和此册训练完之后（第30日）的情况做比较。

准备 从"教材·答案册"书后取出"注意力测试题查值卡"。

方法 请看下面的"注意力测试题查值卡"截图，表中的第一横行是英文字母，竖列最左第一列是数字序号1、2、3……。而在表的中间部分都是数字，即是不同的

数值。

注 意 力 测 试 题 查 值 卡（截图）

序	A	J	K	L	V	W	X	B	Z	C	H	M	G	F	D	R	Y	S	T	Q	I	O	P	N
1	6	5	4	2	2	3	2	4	7	8	9	0	6	5	8	9	4	3	5	4	4	6	5	2
2	4	4	5	4	1	2	3	4	8	8	9	0	9	0	5	8	3	4	5	2	5	8	9	5
3	4	7	6	3	4	7	8	1	7	9	5	1	9	1	8	3	1	3	6	7	5
4	0	9	4	5	4	3	1	6	0	2	7	8	7	8	6	5	5	8	9	5	4	2	7	8

方法举例 在"注意力测试题查值卡"中找到题目 3K 的数值。先在"注意力测试题查值卡"中找到竖列的序号 3，再找到卡中第一横行中的 K。然后沿着 3 的横行向右找，再沿着 K 的竖列向下找，找到横向和竖向交点处的数字"6"，即是 3K 的数值。所以 3K=6。

又如：找 Q4 的数值。沿着 Q 的竖列向下找，又沿着 4 的横行向右找，至找到横向和竖向的交点"5"，即是 Q4=5。

注意 测试题答卷的题目中，有的数字在前、字母在后；有的字母在前、数字在后。这是有意搞乱次序的编排，目的为了训练学生的能力，使思维不被次序所固定。所以测试时，要看清数字和字母。

测试 在"测试题答卷"上找到"题目"一栏，其中有"1K"，"1H"，"5X"等题目。然后按照测试方法找到答案，再把答案写在该题目下边的"答案"一格中。例如：1K=4，就在正对"1K"下面的"答案"一格中写上"4"即可。

测 试 题 答 卷

题目	1K	1H	5X	C5	A7	O2	1V	3K	9Z	X9	W8	N12	2M	L5	Z19
答案															
题目	B5	4H	L1	12Z	19H	5L	J7	C1	I18	8R	M20	13S	2N	4Q	P20
答案															
题目	6G	3F	3R	14Y	2T	L17	18C	4D	3X	5Y	1Q	V13	13J	4B	5R
答案															
题目	9S	G8	B2	5J	3W	4L	7Q	13K	Z11	5T	8R	17X	9D	1Y	I4
答案															
题目	F33	T38	27P	22D	Z21	C16	31M	24W	35H	Y37	D33	28X	33T	29O	F39
答案															

30 天注意力提升（第二阶）

题目	13B	G15	22X	28S	34Q	37N	9W	14J	28F	32D	37W	H34	K25	18B	I24
答案															
题目	36X	31O	25C	23P	40H	36F	V39	4D	15K	30S	24Y	21J	H25	15X	33I
答案															
题目	24F	28W	36G	39Q	R31	T34	H37	X32	K27	33X	29F	27X	32H	D37	T18
答案															
题目	N19	16W	14K	30F	26J	I19	28P	29W	32D	4Z	30C	27J	37F	C31	Y34
答案															
题目	26L	21K	F28	S32	26O	24R	19X	16T	12K	38S	D39	35K	Z37	S35	H29
答案															
题目	T26	M20	Q27	D35	31P	22K	37P	25I	34D	29J	18C	Y25	31O	22F	17P
答案															
题目	27T	32F	40S	W39	B31	J28	A24	17K	R23	T26	30P	23N	16Q	29Y	K24
答案															

记录

1. 把全部做完上面 180 题的时间写在下面的训练报告表中。

2. 家长把学生的"测试题答卷"对照"测试题答案"（"教材·答案册"第 1 日第四项），找出错误的个数，并计算错误个数所占的百分比（错误个数 / 题目总数）。再把结果写到下面的训练报告表中。

目标　以所用时间少，错误少为好。这个测试在此册注意力训练前（第 1 日）做一次，训练结束后（第 30 日）再做一次。两次的比较值，即为视觉注意水平的提高程度。

训练报告表

第四项　注意力测试 视觉测试	题目总数：　　　180 个	错误个数：　　　　个
	所用时间：　　分　　秒	错误个数所占百分比： 错误个数 / 题目总数 ＝　　　%

 **第五项　注意力测试**　听觉测试

目的　检测在未参加此册训练前（第1日）学生的听觉注意水平，以便和训练后（第30日）的情况进行比较。

方法　学生集中注意力听家长读句子，家长读完第一句，学生重复第一句；家长再读第二句，学生重复第二句……测试标准以一字不错地重复出来为正确。

记录

1. 记录学生能够正确重复的句子数，并写在下面的训练报告表中。

2. 计算正确句子数所占的百分比（正确句子数／题目总数），把结果写在下面的训练报告表中。

目标　以能够正确重复的句子多为好。这个测试在此册注意力训练前（第1日）做一次，训练结束后（第30日）再做一次。两次的比较值，即为听觉注意水平的提高程度。

训练报告表

第五项　注意力测试 听觉测试	句子总数：　12　句	正确重复的句子数：　　　句
	正确句子所占百分比：正确句子数／题目总数 =	％

第 2 日

第一项　净心训练　　静坐（6分钟）

训练内容参照第1日第一项。

要求　学生端坐，两手放于膝盖；将装米的杯子置于头顶；腰背挺直，全身放松；闭目；均匀呼吸，并逐渐放慢。边数呼吸的次数，边听音乐。这样持续坐6分钟。

训练报告表

第一项　净心训练 **静坐**	所用时间：　　分	呼吸次数：　　次	掉杯子数：　　次

第二项　视觉追踪　　扫视直线

目的　通过此项练习，随着视线快速追随直线左右移动，训练了眼周的睫状肌，并促进了眼周的循环。从而增强眼睛的视觉功能，并降低发生近视的机率。

准备　从"教材·答案册"书后取出卡片2。

要求　将卡片2平置，眼睛距图20厘米或再近，头不转动（头上也可以顶装有米的杯子）。眼睛由黑圈开始沿箭头方向快速向黑点处扫视，之后，再反回向黑圈处扫视。以从黑圈到黑点，再由黑点返回到黑圈为一次。

注意　在扫视的过程中，必须控制住头不要转动，还要把线上的每个黑点看清楚，不能一带而过。

记录　将一分钟时间内，扫视的次数写在下面的训练报告表中。共扫视3次（3个一分钟），记录3次。

目标　在规定的一分钟时间内，以扫视的次数多为好。

第 2 日训练

训练报告表

第二项　视觉追踪 扫视直线	第一次扫视的次数	第二次扫视的次数	第三次扫视的次数
	次	次	次

第三项　听觉集中　数出几个指定汉字的数目

目的　通过此项练习，训练学生能够排除其他汉字的干扰，集中于指定目标的听觉能力。在"简答"的环节中，可以培养听觉理解和记忆。是多种能力的综合训练。

要求　听家长读故事《激烈的战斗》，数出指定汉字（"一"，"上"，"他"，"的"）各有几个。听一遍故事，数一个汉字，数四个汉字，要听四遍。

回答"简答"问题，要在家长读了第一遍故事后立即提问，如果学生不能适应，可以改为读两遍后提问。经过训练，争取达到听一遍后就能够回答出来。

回答问题时，学生如果具备笔答能力，可以书写；否则，口答亦可。

注意　不能用笔记数。

记录　把每个指定汉字（4个）的数目写在下面的训练报告表中。

目标　以不用手指计数，用心计数为好；以数对的指定汉字越多越好。

训练报告表

第三项　听觉集中 数出几个指定汉字的数目	一：　　　个	上：　　　个	他：　　　个	的：　　　个
	简答：1题		2题	
	3题		4题	

第四项　视觉分辨　找出横线两边不同的数字

目的　通过对比横线两边数列中数字的不同，训练视觉的分辨能力。

要求　将横线右面数列中与左面对应数列不同的数字划出来，例如"56712—57612"中应划出"7"和"6"。

目标　以划错的不同数字越少越好。

训练

56712—57612	61718—61918
67943—69734	59831—59831
13598—13597	36249—36429
26480—24686	05687—06578
37501—35710	35970—39570
66891—67891	59314—59314
59842—59842	78624—78642
38725—38725	29086—29806
89734—87934	96830—96831
20375—20575	60361—90391
50739—50739	38061—35091
68721—67281	50713—70513
95383—35383	80684—80648
38024—38042	83617—81637
59250—29259	18293—38291
79414—41479	90897—90897

第五项 听觉记忆   听记数列

目的　通过训练，提高学生听知觉的记忆能力。

要求　家长读数列，学生记住家长读的数列并写出数列。注意要听完一组数列写一组，然后，再听第二组，再写第二组。不能边听边记。

记录 学生将记忆的数列写到训练报告表中。
目标 以听记正确的数列越多越好。

训练报告表

第五项　听觉记忆 **听记数列**	1题：	
	2题：	

第六项　视觉转移　算数加法计算

目的 通过此项加法计算练习，一方面加深了对加法计算的熟练程度，另一方面又会因为不断地在表格中进行移位训练，而提高了视觉转移的能力。

要求

1．看清第一行最左面的数字为4，第二行最左面的数字为1。将第一行的4加上第二行的1，4+1=5的和数"5"写在第二行"1"右面的格内。

2．把第二行的加数"1"写到第一行"4"右面的格内。

3．再做第二列上下行相加，1+5的和数"6"，写在第二行"5"右面的格内，并将加数5写到第一行"1"旁的格内。

4．继续做5+6，将和数"11"写到第二行6右面的格内，因为此时和数已经超过10，所以只在格内写个位数"1。"（注意：当和数超过10的时候，只写个位数）。

5．再依法继续上下行相加，直至出现与第一行的数字顺序４１５，第二行的数字顺序１５６完全相同为止。此即是出现的数循环。

6．数出循环出现前共有多少个数（即从开始的4数至循环的4出现之间的数字总

30天注意力提升（第二阶）

数）。

记录 把循环数的位数和发生错误、重新计算的次数写在下面的训练报告表中。

目标 此项需要很细心地进行计算和写数，只要有一处地方出错，后面的就全部错下去。如果一旦出现不循环或很快就开始循环，就是出错了。要重新开始做。这个练习以重复计算的次数少，所需时间又短为好。

1题

4	1	5																	
1	5	6																	

2题

5																			
1																			

训练报告表

第六项 视觉转移 算数加法计算	1题 循环数的个数： ；	1题 在计算过程中错 次
	2题 循环数的个数： ；	2题 在计算过程中错 次

第 3 日

第一项　净心训练　　静坐（7分钟）

训练内容参照第1日第一项。

要求　学生端坐，两手放于膝盖；将装米的杯子置于头顶；腰背挺直，全身放松；闭目；均匀呼吸，并逐渐放慢。边数呼吸的次数，边听音乐。这样持续坐7分钟。

训练报告表

第一项　净心训练 静坐	所用时间：　　分	呼吸次数：　　次	掉杯子数：　　次

第二项　视觉追踪　　扫视直线

训练内容参照第2日第二项。

准备　从"教材·答案册"书后取出卡片3

要求　平置卡片3，眼睛距图20厘米或再近，头不动。眼睛由黑圈开始沿箭头方向快速向黑点处扫视，之后，再反回向黑圈处扫视。以从黑圈到黑点，再由黑点返回到黑圈为一次。扫视3个一分钟。

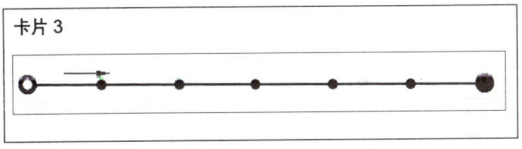

训练报告表

第二项　视觉追踪 扫视直线	第一次扫视的次数	第二次扫视的次数	第三次扫视的次数
	次	次	次

第三项　听觉集中　　数出几个指定数字的数目

训练内容参照第1日第三项。

要求　听家长读数列，数出指定数字（"0"，"1"，"3"，"5"）各有几个，

30 天注意力提升（第二阶）

并将答案写在下面的训练报告表中。

训练报告表

第三项　听觉集中 数出几个指定数字的数目	0：　　　个	1：　　　个	3：　　　个	5：　　　个

第四项　视觉分辨　　找出与框外围相同的图

目的　通过此项练习，提高视觉的观察和分辨能力。

要求　在内框中寻找与框外围相同的图，并把框外图的号数写在框内相应的图旁。注意有个别图是可以旋转看的。

目标　以找错的图越少越好。

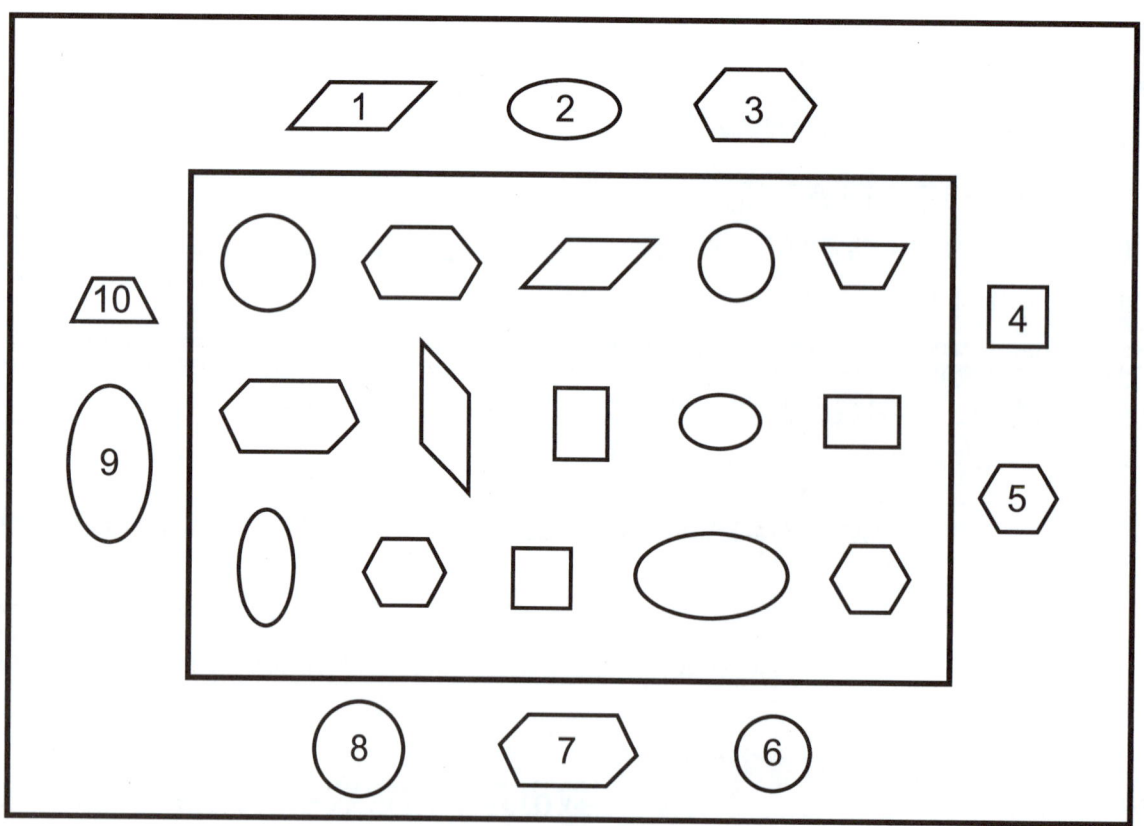

图 1

第3日训练

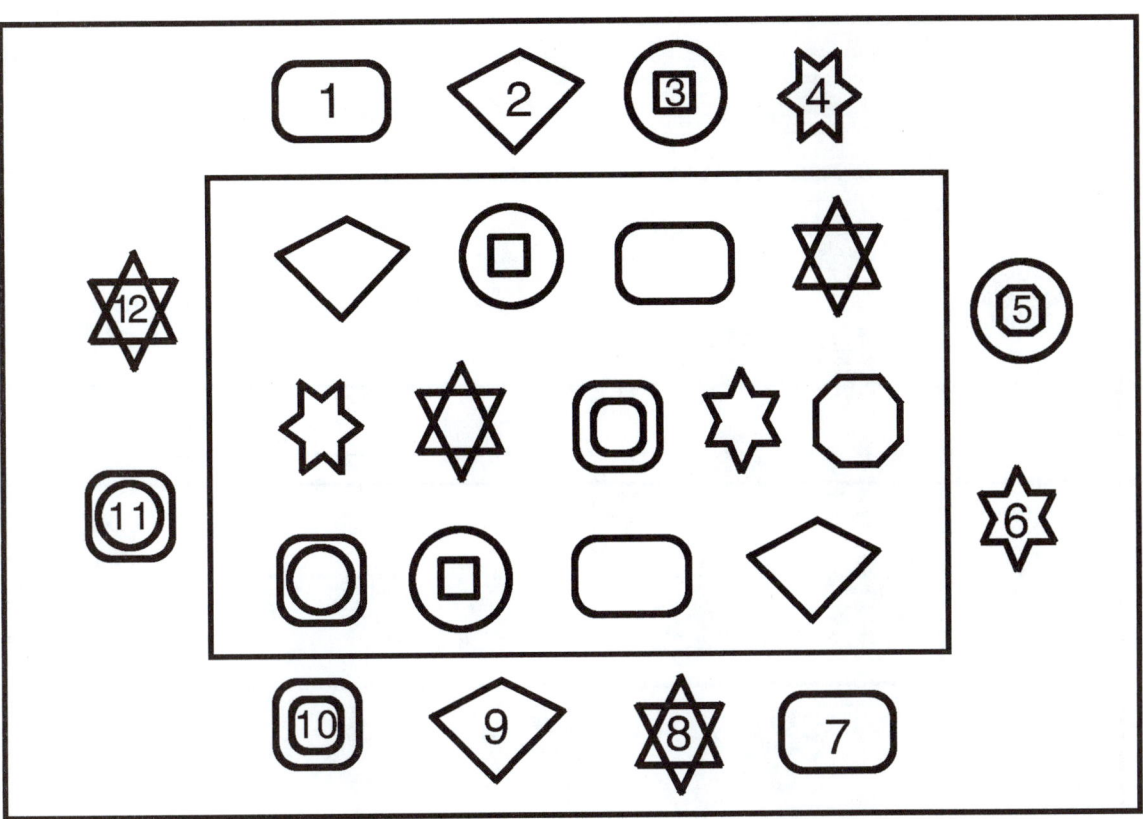

图 2

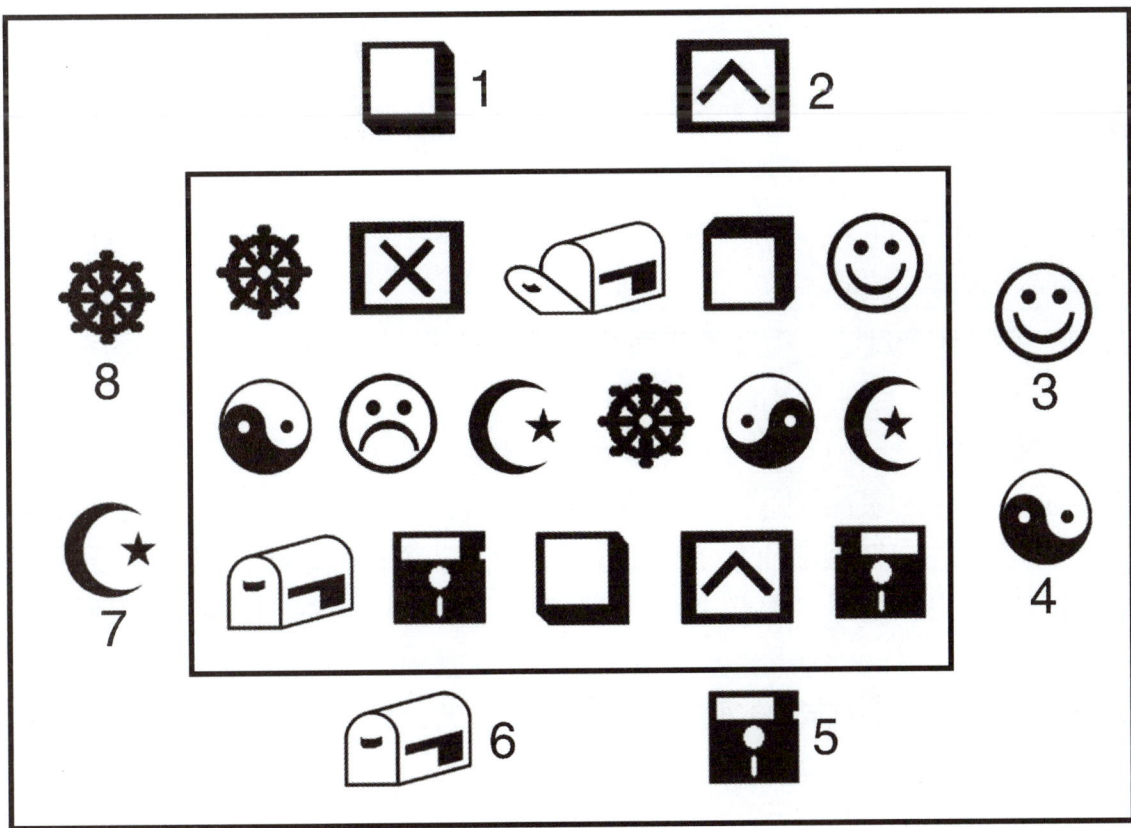

图 3

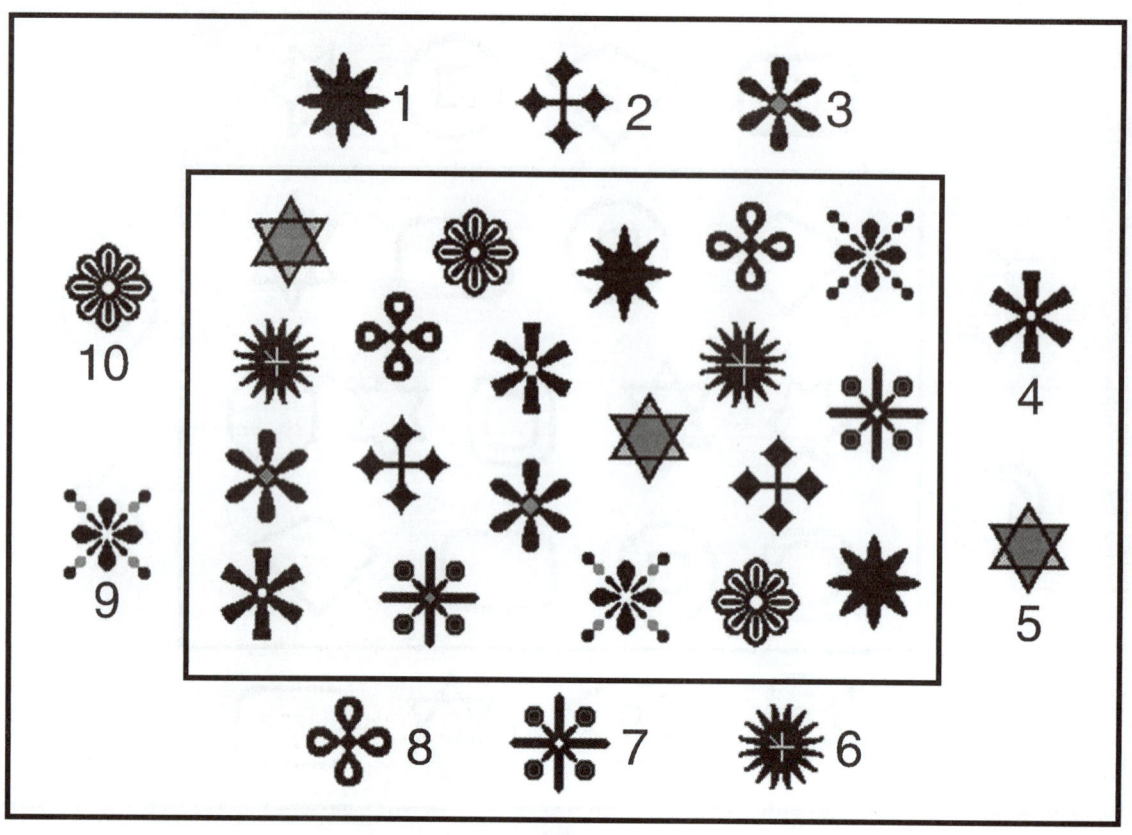

图 4

第五项　听觉分辨　　找出两句话中不同的词组

目的　通过此项训练，不仅提高了学生的听觉分辨能力，而且训练了学生"心静"，以逐渐克服"浮躁"的心态。

要求　听家长读几题很相近的两句话。家长先把某题中的两个句子读完，再读两遍，每题共读三遍。学生找出两句话中不同的两对词组，例如："大家一起看星星，小明开心地直拍手。"和"我们一起看星星，小明高兴地直拍手。"的两句话中，不同的词组应该是"大家—我们"，"开心—高兴"。

记录　将五组题中不同的两对词组写在下面的训练报告表中。答案中要把不同的一对词组都写出来。例如"大家—我们，开心—高兴"，在每对词组中间还要画一条短横线。

目标　以听到五题中不同的两对词组都正确为好。

第 3 日训练

训练报告表

第五项　听觉分辨 找出两句话中不同的词组	1 题	2 题
	3 题	4 题
	5 题	

第六项　视觉转移　　算数减法计算

目的　通过此项减法计算练习，一方面加深了对减法计算的熟练程度，另一方面又会因为不断地在表格中进行移位训练，而提高了视觉转移的能力。

要求

1．看清第一行最左面的数字为 9，第二行最左面的数字为 2。将第一行的 9 减去第二行的 2，9-2=7，将差数"7"写在第二行 2 右面的格内。

2．把减数"2"写到第一行"9"右面的格内。

3．再做第二列上减下，2-7，但"2"减不了"7"，此时即可将"2"变为"12"，12-7=5，。将差数"5"，写在第二行"7"右面的格内。并将减数"7"写到第一行 2 右面的格内。（注意：当被减数不够减时，自动变为二位数十几）。

4．继续做第三列 7-5，再依法继续上减下，直至出现与第一行的数字顺序 9 2 7，第二行的数字顺序 2 7 5 完全相同为止。此即是出现的数循环。

5．数出循环出现前共有多少个数（即从开始的 9 数至循环的 9 出现之间的数字总数）。

记录　把循环数的个数和发生错误、重新计算的次数写在下面的训练报告表中。

目标　此项需要很细心地进行计算和写数，只要有一处地方出错，后面的就全部错下去。如果一旦出现不循环或很快就开始循环，就是出错了。要重新开始做。这个练习以重复计算的次数少，所需时间又短为好。

30天注意力提升（第二阶）

1题

9	2	7															
2	7	5															

2题

7																	
2																	

训练报告表

第六项　视觉转移 **算数减法计算**	1题 循环数的个数：	1题 在计算过程中错　　次
	2题 循环数的个数：	2题 在计算过程中错　　次

第 4 日

第一项　净心训练　　静坐（8分钟）

训练内容参照第 1 日第一项。

要求　学生端坐，两手放于膝盖；将装米的杯子置于头顶；腰背挺直，全身放松；闭目；均匀呼吸，并逐渐放慢。边数呼吸的次数，边听音乐。这样持续坐 8 分钟。

训练报告表

第一项　净心训练 静坐	所用时间：　　分	呼吸次数：　　次	掉杯子数：　　次

第二项　视觉追踪　　扫视直线

训练内容参照第 2 日第二项。

准备　从"教材·答案册"书后取出卡片 4。

要求　平置卡片 4，眼睛距图 20 厘米或再近，头不动。眼睛由黑圈开始沿箭头方向快速向黑点处扫视，之后，再反回向黑圈处扫视。以从黑圈到黑点，再由黑点返回到黑圈为一次。扫视 3 个一分钟。

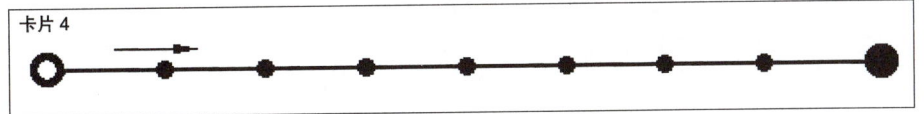

训练报告表

第二项　视觉追踪 扫视直线	第一次扫视的次数	第二次扫视的次数	第三次扫视的次数
	次	次	次

第三项　听觉集中　　数出几个指定汉字的数目

训练内容参照第 2 日第三项。

要求 听家长读故事《网开三面》，数出指定汉字（"网"，"一"，"鸟"，"的"）各有几个，并回答"简单"问题。将答案写在下面的训练报告表中。

训练报告表

第三项　听觉集中 **数出几个指定汉字的数目**	网：　　　　个	一：　　　　个	鸟：　　　　个	的：　　　　个
	简答 1 题：		2 题：	
	3 题：		4 题：	
	5 题：			

第四项　视觉分辨　　找出两个相同的图

目的 通过练习，在比较的过程中，提高了视觉分辨能力，并开发了右脑的形象思维能力。

要求 在每行图中寻找两个相同的图，并在图上作出标记。

目标 以正确率越高越好。

训练

图1

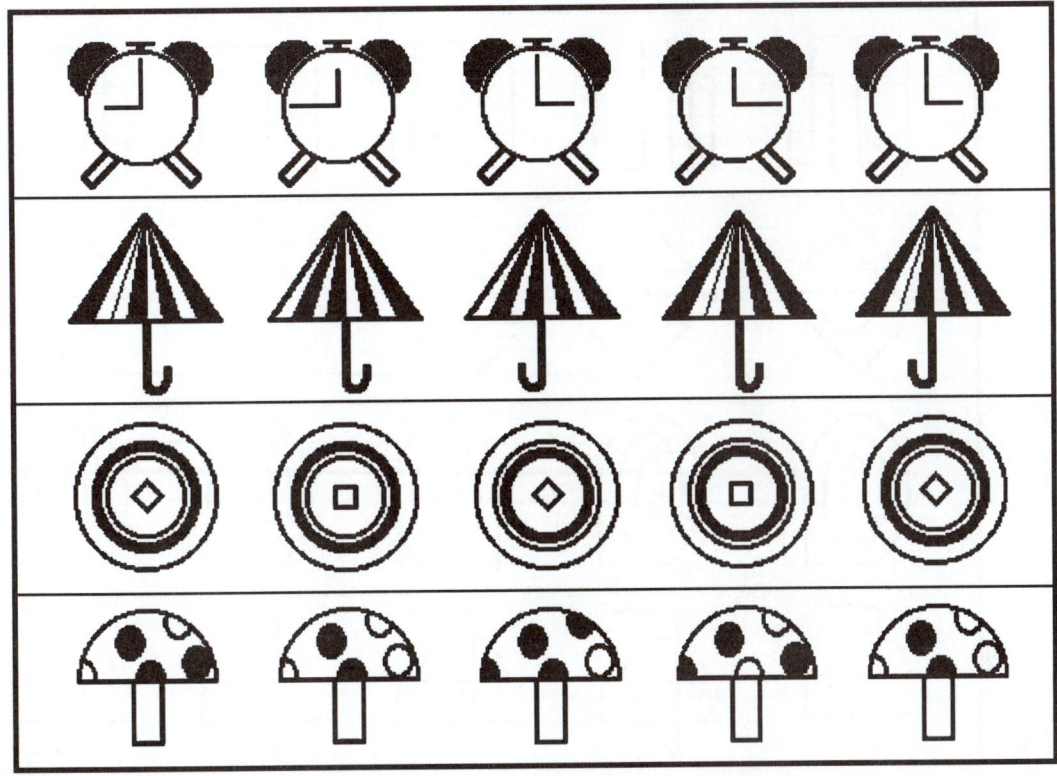

图 2

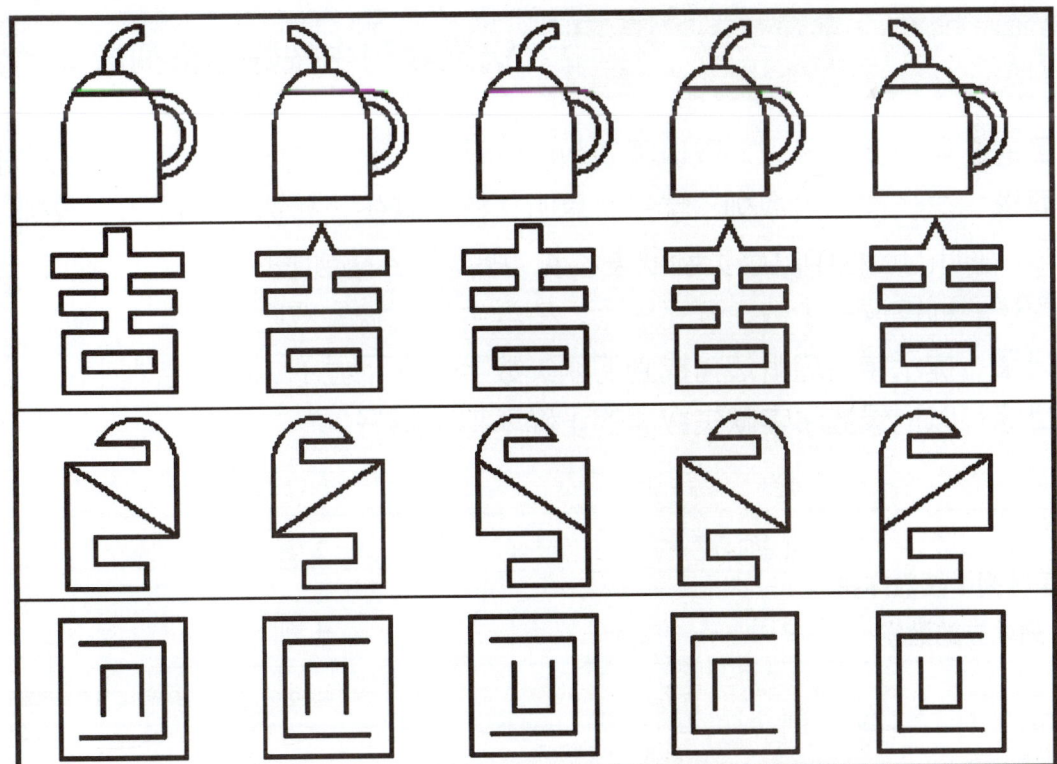

图 3

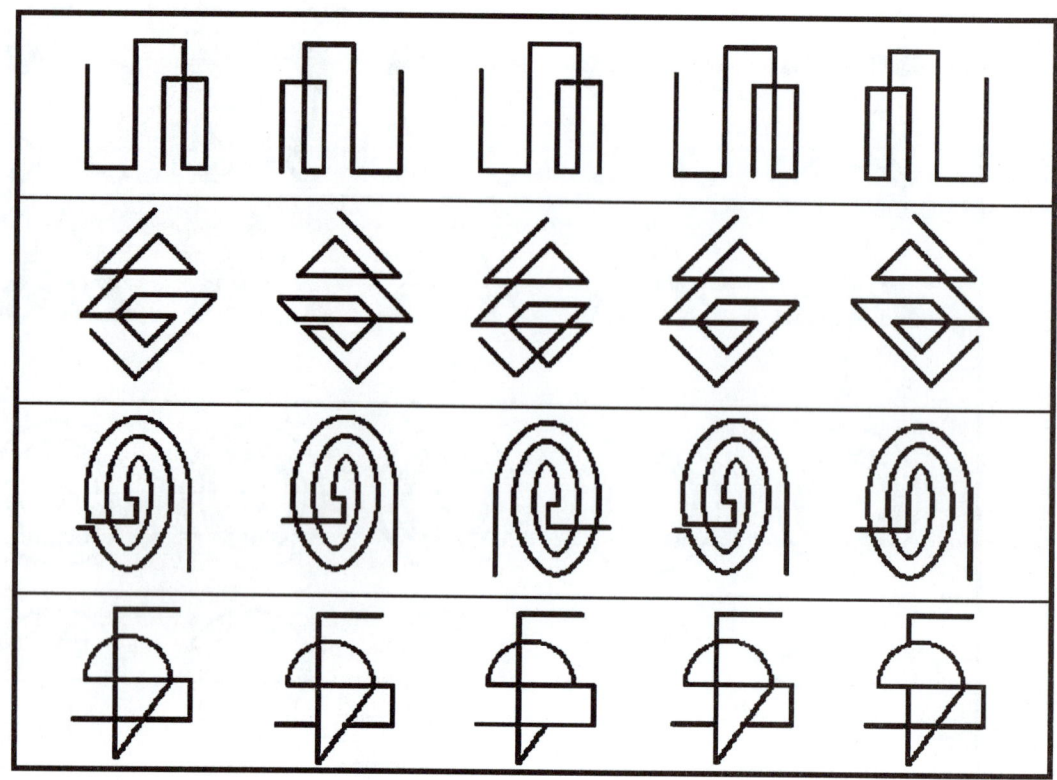

图 4

第五项　听觉集中　　记录数列中按数序排列缺失的数字

目的　通过此项练习，既巩固对数序的认知，又提高听觉的分辨和记忆能力。

要求　家长读一个数列，学生认真听，找出缺失了什么数。例如：数列1、2、3、5……，在听的过程中就感觉到缺失了4，即可将4写到表中。

家长一秒钟读一个数，读完一题，待学生写完缺失数后，再读下一题。

记录　提示学生边听边将找到的缺失数字写在下面的训练报告表中。

目标　以记录数序中缺失数字的正确率越高越好。

训练报告表

第五项　听觉集中 记录数列中按数序排列缺失的数字	1题：	2题：
	3题：	4题：

第4日训练

第六项　视觉转移　　算数加法计算

目的　通过此项加法计算练习，一方面加深了对加法计算的熟练程度，另一方面又会因为不断地在表格中进行移位训练，而提高了视觉转移的能力。

要求

1．看清第一行最左面的数字为7，第二行最左面的数字为1。将第一行的"7"加上第二行的"1"，7+1=8，将和数"8"写在第一行"7"右面的格内。

2．把第一行的加数"7"写到第二行"1"右面的格内。

3．再将第二列上下相加，8+7的和数"15"写在第一行8右面的格内。因为此时和数已经超过10，所以只在格内写个位数5。（注意：当和数超过10的时候，只写个位数）。

4．依法继续做上下相加，5+8，直至出现与第一行的数字顺序７８５，第二行的数字顺序１７８完全相同为止。此即是出现的数循环。

5．数出循环出现前共有多少个数（即从开始的7数至循环的7出现之间的数字总数）。

6．把循环数的个数和发生错误、重新计算的次数写在下面的训练报告表中。

目标　此项需要很细心地进行计算，只要有一处地方出错，后面的就全部错下去。如果一旦出现不循环或很快就开始循环，就是出错了。要重新开始计算。这个练习以重复计算的次数少，所需时间又短为好。

1题

| 7 | 8 | 5 | | | | | | | | | | | | | | | | | |
| 1 | 7 | 8 | | | | | | | | | | | | | | | | | |

2题

| 5 | | | | | | | | | | | | | | | |
| 1 | | | | | | | | | | | | | | | |

训练报告

第六项 视觉转移 算数加法计算	1题 循环数的位数： 位；	1题 计算错的次数： 次
	2题 循环数的位数： 位；	2题 计算错的次数： 次

第 5 日训练

第 5 日

 **第一项　净心训练**　　静坐 （9 分钟）

训练内容参照第 1 日第一项。

要求　学生端坐，两手放于膝盖；将装米的杯子置于头顶；腰背挺直，全身放松；闭目；均匀呼吸，并逐渐放慢。边数呼吸的次数，边听音乐。这样持续坐 9 分钟。

训练报告表

第一项　净心训练 静坐	所用时间：	分	呼吸次数：	次	掉杯子数：	次

 **第二项　视觉追踪**　　扫视折线

目的　通过此项练习，随着视线快速追随直线左右上下移动，训练了眼周的睫状肌，促进了眼周的循环。从而增强眼睛的视觉功能，降低发生近视的几率。

准备　从"教材·答案册"书后取出卡片 5。

要求　头不转动，眼睛平视卡片 5，距离图 20 厘米或再近一些。扫视时，眼睛从黑圈沿着箭头扫视到右面的黑点，再沿线向下扫视到左下的黑点，然后再按原路折回（右扫到黑点，再左扫到黑圈）为一次。

注意　扫视的过程中，头不能转动，眼睛一定要看清楚黑线。

记录　把在一分钟时间里扫视折线的次数写到下面的训练报告表中。共扫视 3 次（3 个一分钟），并记录 3 次。

目标　在规定的一分钟时间内，以扫视的次数多为好。

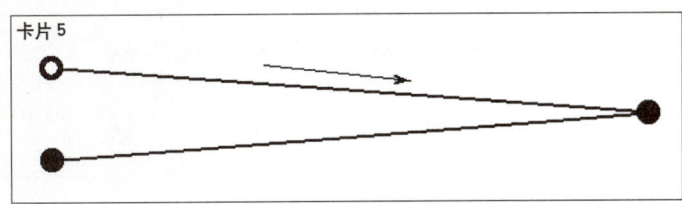

30天注意力提升（第二阶）

训练报告表

第二项 视觉追踪 扫视折线	第一次扫视的次数	第二次扫视的次数	第三次扫视的次数
	次	次	次

 第三项 听觉集中　数出几个指定数字的数目

训练内容参照第1日第三项。

要求　听家长读数列，数出指定数字（"0"，"4"，"6"，"9"）各有几个，并将答案写在下面的训练报告表中。

训练报告表

第三项 听觉集中 数出几个指定数字的数目	0：　　个	4：　　个	6：　　个	9：　　个

 **第四项 视觉分辨**　找出数序表中缺失的数字

目的　通过此项练习，进一步巩固正数序和倒数序的排列，并提高了视觉分辨能力。

要求　表1按正数序1～30，表2按倒数序30～1寻找数序表中缺失的数字，并把缺数写在表下面的空格中。

目标　以填写缺失的数字全部正确为最好。

训练报告表

第四项 视觉分辨 找出数序表中缺失的数字	完成表1所需时间	分　　秒
	完成表2所需时间	分　　秒

第 5 日训练

11	22	21	19	5	26
9	15	2	16	23	17
18	24	13	29	3	7
8	25	4	27	14	28

表 1

30	21	15	4	18	9
13	1	25	22	17	6
26	29	11	12	28	23
2	16	8	24	7	19

表 2

30天注意力提升（第二阶）

第五项　听觉分辨　　找出三句话中相同的词组

目的　通过此项训练，不仅提高了学生的听觉分辨能力，而且训练了学生"心静"，以逐渐克服"浮躁"的心态。

要求　听家长读几题中三句不同内容的话，学生找出三句话中相同的两个词组。家长先把某题的三个句子读完，再读两遍，每题共读三遍。

记录　学生将每题中两个相同的词组写在下面的训练报告表中。

目标　以找出四题中相同的两个词组都正确为好。

训练报告表

第五项　听觉分辨 找出三句话中相同的 词组	1题	2题
	3题	4题

第六项　视觉转移　　算数减法计算

目的　通过此项减法计算练习，一方面加深了对减法计算的熟练程度，另一方面又会因为不断地在表格中进行移位训练，而提高了视觉转移的能力。

要求

1．看清第一行最左面的数字为8，第二行最左面的数字为3。将第一行的8减去第二行的3，8-3=5，将差数"5"写在第二行"3"右面的格内。

2．把减数"3"写到第一行"8"右面的格内。

3．再做第二列上减下3-5，但3减不了5，此时即可将3变为13，13-5=8，。将差数"8"写到第二行"5"右面的格内。并将减数"5"写到第一行"3"右面的格内。（注意：当被减数不够减时，自动变为二位数十几）。

4．再依法继续做上减下，第三列5-8，直至出现与第一行的数字顺序８３５，第二行的数字顺序３５８完全相同为止。此即是出现的数循环。

5．数出循环出现前共有多少个数（即从开始的"8"数至循环的8出现之间的数字总数）。

记录　把循环数的个数和发生错误、重新计算的次数写在下面的训练报告表中。

目标　此项需要很细心地进行计算，只要有一处地方出错，后面的就全部错下去。如果一旦出现不循环或很快就开始循环，就是出错了。要重新开始做。这个练习以重

第5日训练

复计算的次数少，所需时间又短为好。

1题

8	3	5
3	5	8

2题

5
4

训练报告表

第六项 视觉转移 减法计算	1题 循环数的位数： ；	1题 计算过程中错 次
	2题 循环数的位数： ；	2题 计算过程中错 次

第 6 日

第一项　净心训练　　静坐（10分钟）

训练内容参照第1日第一项。

要求　学生端坐，两手放于膝盖；将装米的杯子置于头顶；腰背挺直，全身放松；闭目；均匀呼吸，并逐渐放慢。边数呼吸的次数，边听音乐。这样持续坐10分钟。

训练报告表

第一项　净心训练 静坐	所用时间：　　分	呼吸次数：　　次	掉杯子数：　　次

第二项　视觉追踪　　扫视折线

训练内容参照第5日第二项。

准备　从"教材·答案册"书后取出卡片6。

要求　眼睛平视卡片6，距图20厘米或再近。扫视时，眼睛从黑圈按箭头的指向沿黑线扫视到第三个黑点，再按原路折回到黑圈为一次。注意：扫视过程中，头不能转动，眼睛一定要看清黑线。共扫视3个一分钟。

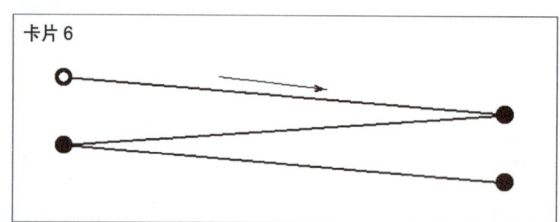

卡片6

训练报告表

第二项　视觉追踪 扫视折线	第一次扫视的次数	第二次扫视的次数	第三次扫视的次数
	次	次	次

第6日训练

第三项 听觉集中 　数出几个指定汉字的数目

训练内容参照第2日第三项。

要求　听家长读故事《狐狸和刺猬》,数出指定汉字("血","的","了","不")各有几个,并回答"简答"问题。将答案写在下面的训练报告表中。

训练报告表

第三项 听觉集中 数出几个指定汉字的数目	血: 　个	的: 　个	了: 　个	不: 　个
	简答 1题		2题	
	3题		4题	
	5题		6题	

第四项 视觉分辨 　数相同图形的数目

目的　通过此项训练,提高视觉的分辨能力,同时也磨练了克服困难的意志力(当最后各种图形的总数之和不同于图中54个图形数时,要反复检查,直至全部正确为止。这即是磨练意志的过程)。

要求　在下图中数出相同图形的数目。注意:数的时候,要一行一行自上而下,或一列一列从左至右地数,才不会数丢或重复数。并将各种图形的数目写在图下面的空格中。

记录　将学生全部完成的时间和表现写在下面的训练报告表中,以便与以后完成同类题时进行比较。

目标　以速度越快、正确率越高越好。以具备"不怕失败,继续努力"的精神为好。

训练报告表

第四项 视觉分辨 数相同图形的数目	全部完成所用时间: 　分　秒	细心程度:
	全部完成共进行的次数: 　次	意志表现:

30 天注意力提升（第二阶）

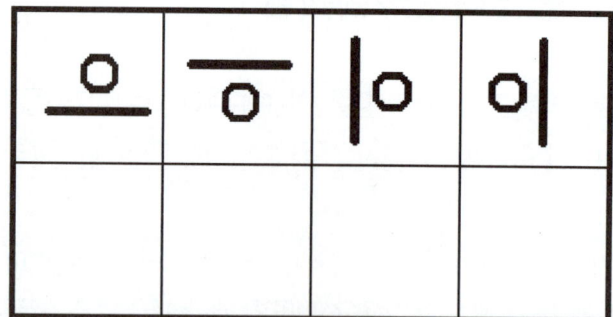

第五项　听觉记忆　　倒述四字短句

目的　通过倒述短句，不仅提高听觉集中、听觉记忆能力，还训练了思维反应速度。

要求　听家长读一个四个字的短句，学生把这个短句倒过来复述。例如：把"我去学校"说成"校学去我"。

记录　把说错的句子数写在训练报告表中。

目标　以读错的短句少为好，以反应逐渐加快为好。

训练报告表

第五项　听觉记忆 **倒述四字短句**	读错：	句	反应速度：

第六项 知觉转移　口手配合

目的　通过此项练习,既可以进一步熟练数序排列,又可以通过大脑指挥手、口将数字、语言和动作准确配合,有效地训练了知觉的转移。

要求　大声从1顺数到50,逢2不出声,用拍手代替。例如数到"12"时,就先说"10",然后拍一下手,代替"2"。

记录　把说错和拍错的次数记在下面的训练报告表中

目标　以拍错的次数越少越好。

训练报告表

第六项　知觉转移 口手配合	用拍手代替数数,说错、拍错:	次

30 天注意力提升（第二阶）

第 7 日

 **第一项　净心训练**　　静坐（10 分钟）

训练内容参照第 1 日第一项。

要求　学生端坐，两手放于膝盖；将装米的杯子置于头顶；腰背挺直，全身放松；闭目；均匀呼吸，并逐渐放慢。边数呼吸的次数，边听音乐。这样持续坐 10 分钟。

训练报告表

第一项　净心训练 静坐	所用时间：　　分	呼吸次数：　　次	掉杯子数：　　次

 **第二项　视觉追踪**　　扫视折线

训练内容参照第 5 日第二项。

准备　从"教材·答案册"书后取出卡片 7。

要求　眼睛平视卡片 7，距图 20 厘米或再近。扫视时，眼睛从黑圈按箭头的指向、沿黑线扫视到第四个黑点，再按原路折回到黑圈为一次。

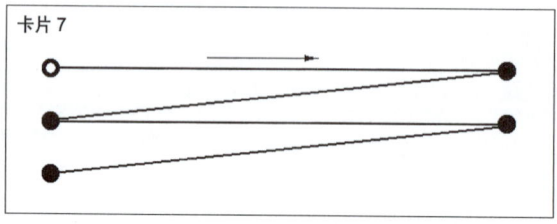

注意　扫视过程中，头不能转动，眼睛一定要看清黑线。共扫视 3 个一分钟。

训练报告表

第二项　视觉追踪 扫视折线	第一次扫视的次数	第二次扫视的次数	第三次扫视的次数
	次	次	次

第 7 日训练

第三项 听觉集中　　数出几个指定数字的数目

训练内容参照第 1 日第三项。

要求　听家长读数列，数出指定数字（"1"，"5"，"7"，"9"）各有几个，并将答案写在下面的训练报告表中。

训练报告表

第三项 听觉集中 数出几个指定数字的数目	1: 个	5: 个	7: 个	9: 个

第四项 视觉分辨　　找出横线两边不同的数字

训练内容参照第 2 日第四项。

要求　将横线右面数列中与左面对应数列不同的数字划出来。

目标　以划错的不同数字越少越好。

```
159763—159367        638638—683638
589307—598370        795310—795310
793504—795340        248739—246739
298347—288347        983172—983127
882531—825315        861357—861375
609080—608090        225330—255303
316497—314679        590135—570135
489135—498153        146379—164793
```

33

30 天注意力提升（第二阶）

```
975313—935113        575150—751750
804624—806424        628394—648392
406080—608060        902851—908215
315171—315071        180838—130383
925272—925272        301301—301301
273849—283746        690042—960024
152637—123567        805030—815131
756453—765433        013579—024680
```

第五项　听觉转移　　按词组的分类画符号

目的　此项练习既训练了听觉转移能力，也训练了对于词组归类的分辨能力。

要求　听家长按顺序读40个词组，当听到词组属于"海洋生物"类时，就在相应的格子内画符号"√"。例如：读到第5个是"海藻"，你就应该在第5个格子内画"√"。如果画到第6格内，就是错误的。

1	2	3	4	5	6	7	8	9	10
11	12	13	14	15	16	17	18	19	20
21	22	23	24	25	26	27	28	29	30
31	32	33	34	35	36	37	38	39	40

第7日训练

训练报告表

第五项 听觉转移 按词组的分类画符号	画错： 个

第六项　视觉集中　　读数字

目的　通过练习，提高视觉的集中能力。
要求　要准确、清晰而尽快地读 250 个数字。

14159	26535	89793	23846	26433
83279	50288	41971	69399	37510
58209	74944	59230	78164	06286
20899	86280	34825	34211	70679
82148	08651	32823	06647	09384
46095	50582	23172	53594	98128
48111	74502	84102	76193	85211
05559	64462	29489	54930	38196
44288	10975	66593	34461	28475
64823	37867	83165	27120	19091

记录　请家长帮助检测读数的情况，把读错的次数和全部读完所用时间写在下面训练报告表中。

目标　以读错的数字越少越好，时间越短越好。

训练报告表

第六项 视觉集中 读数字	读错的数字： 个	所用时间： 分 秒

30天注意力提升（第二阶）

第 8 日

 第一项　净心训练　　静坐（10分钟）

训练内容参照第1日第一项。

要求　学生端坐，两手放于膝盖；将装米的杯子置于头顶；腰背挺直，全身放松；闭目；均匀呼吸，并逐渐放慢。边数呼吸的次数，边听音乐。这样持续坐10分钟。

训练报告表

第一项　净心训练 静坐	所用时间：　　　分	呼吸次数：　　　次	掉杯子数：　　　次

 第二项　视觉追踪　　扫视折线

训练内容参照第5日第二项。

准备　从"教材·答案册"书后取出卡片8。

要求　眼睛平视卡片8，距图20厘米或再近。扫视时，眼睛从黑圈按

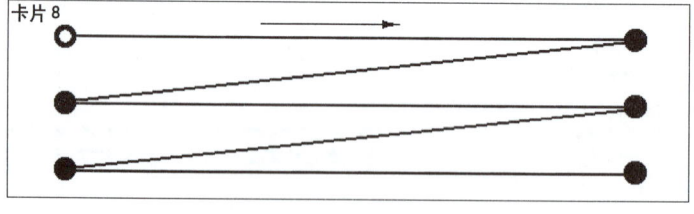

箭头的指向、沿黑线扫视到第五个黑点，再按原路折回到黑圈为一次。

注意　扫视过程中，头不能转动，眼睛一定要看清黑线。共扫视3个一分钟。

训练报告表

第二项　视觉追踪 扫视折线	第一次扫视的次数	第二次扫视的次数	第三次扫视的次数
	次	次	次

第三项　听觉集中　　数出几个指定汉字的数目

训练内容参照第2日第三项。

第8日训练

要求 听家长读故事《贪吃的苍蝇》，数出指定汉字（"一"，"了"，"蜜"，"它"）各有几个，并回答"简答"问题，将答案写在下面的训练报告表中。

训练报告表

第三项 听觉集中 数出几个指定汉字的数目	一： 个	了： 个	蜜： 个	它： 个
	简答 1题		2题	
	3题		4题	
	5题		6题	

第四项 视觉分辨 —— 找出与框外围相反的图

训练内容参照第3日第四项。

要求 在内框中寻找与框外围相反的图，并把框外图的号数写在框内相应的图旁。

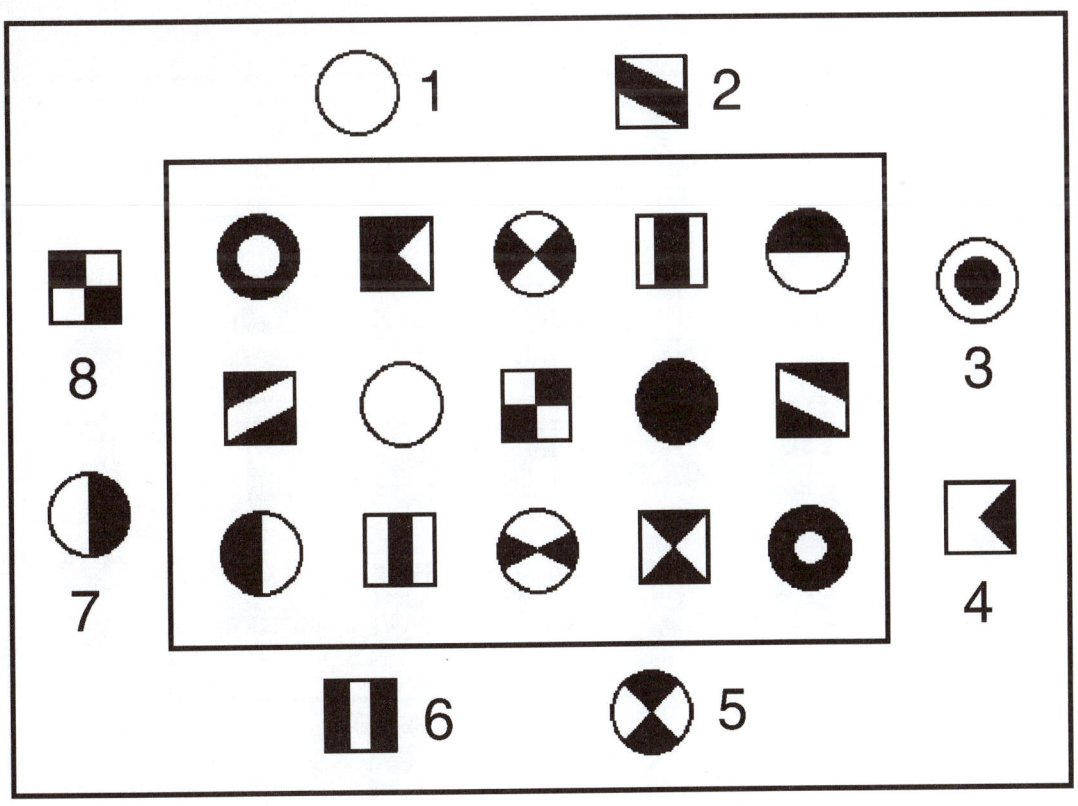

图1

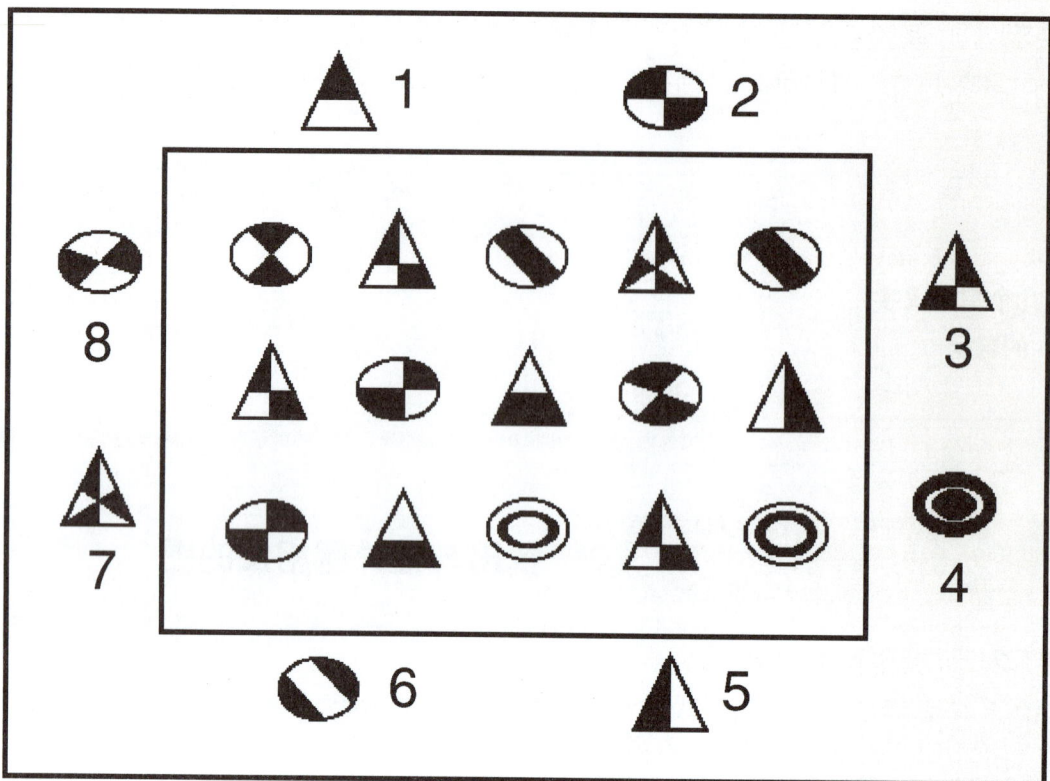

图 2

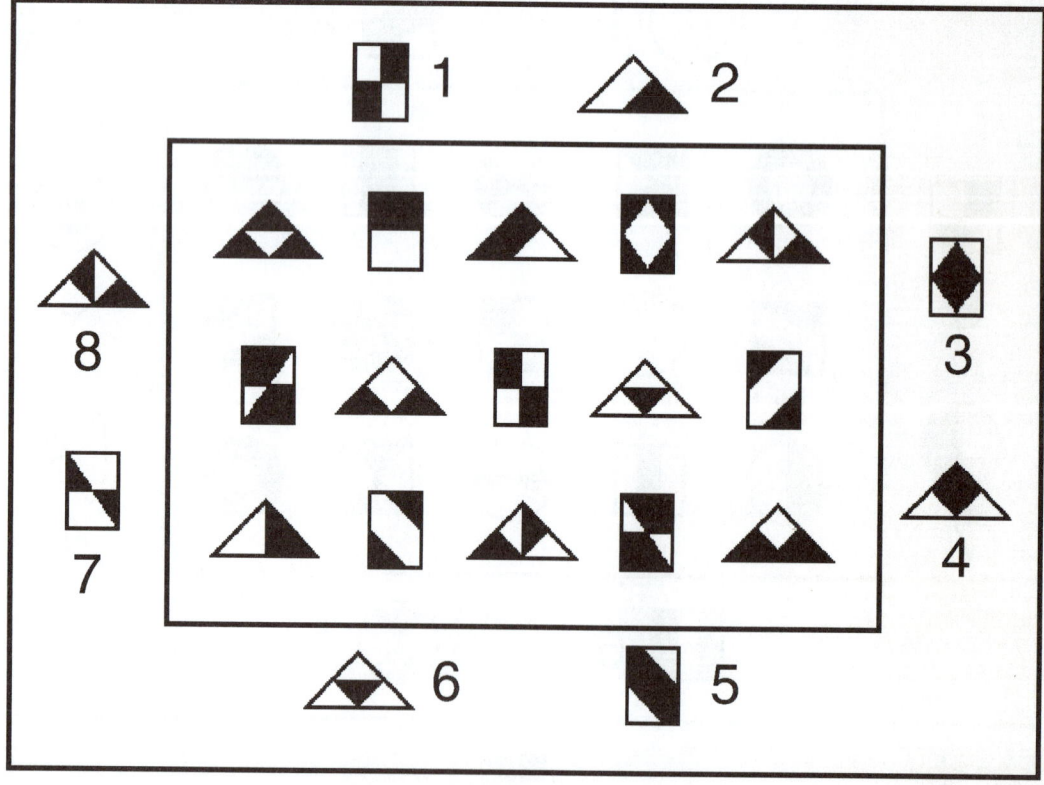

图 3

第8日训练

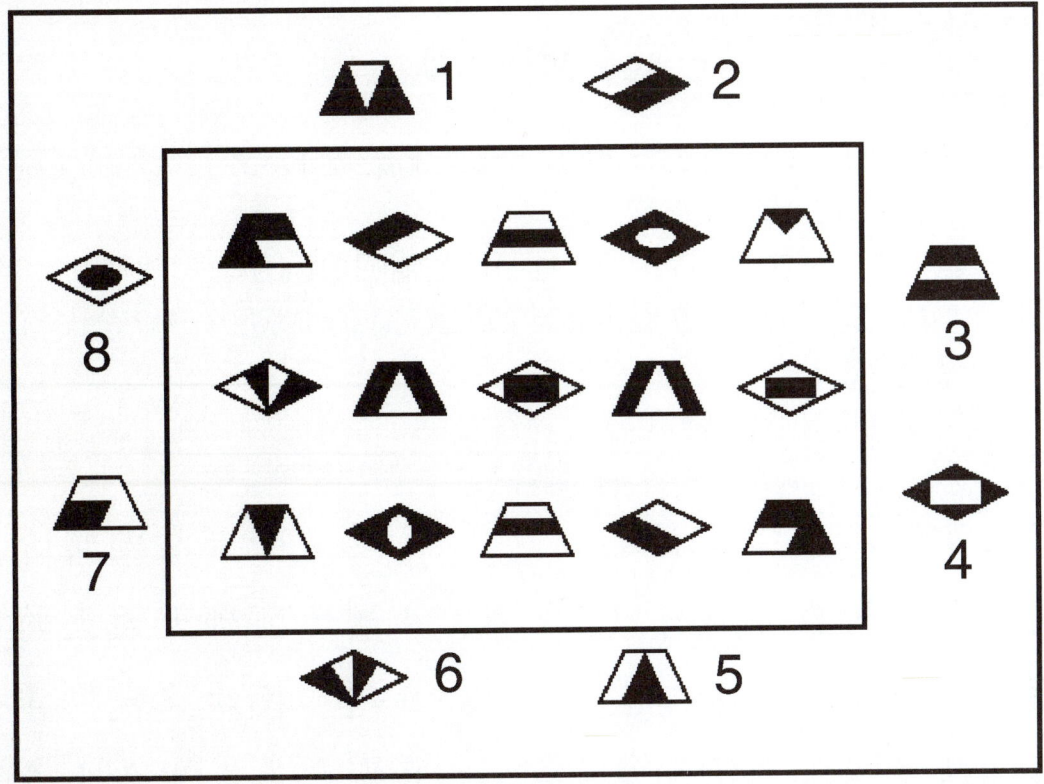

图 4

第五项　听觉记忆　听记数列

训练内容参照第 2 课第五项。

要求　家长读数列，学生记住家长读的数列。听完一组数列后再将数列写在下面训练报告表中，不能边听边记。

训练报告表

第五项　听觉记忆 **听记数列**	1题：	
	2题：	

39

第六项　视觉理解　组字成句

目的　通过在几个排列混乱的汉字中，寻找它们之间的关系，既理解了字义，提高了思维能力，也训练了语言表答能力。

要求　把几个排列混乱的汉字组成一句符合逻辑的通顺的句子。例如："爹歌妈书唱爱看爱"，应该组成句子"爹爱看书妈爱唱歌"。

记录　将答案写在下面的训练报告表中。

目标　以组成通顺的句子越多越好。

训练

1题　爹歌妈书唱爱看爱　　　　2题　小书看爱朋小友人

3题　目鼻和我耳眉有口　　　　4题　前哪天天天的昨是

5题　力我识要好努知学　　　　6题　模欢飞我机喜型做

7题　队童球欣参了加足　　　　8题　海人里鱼生美活在

9题　会章很改色鱼变颜　　　　10题　话我听小家狗会人

训练报告表

第六项　视觉理解　组字成句		
	1题	2题
	3题	4题
	5题	6题
	7题	8题
	9题	10题

第 9 日

第一项　净心训练　静坐（10分钟）

训练内容参照第 1 日第一项。

要求　学生端坐，两手放于膝盖；将装米的杯子置于头顶；腰背挺直，全身放松；闭目；均匀呼吸，并逐渐放慢。边数呼吸的次数，边听音乐。这样持续坐 10 分钟。

训练报告表

第一项　净心训练 静坐	所用时间： 分钟	呼吸次数： 次	掉杯子数： 次

第二项　视觉追踪　扫视折线

训练内容参照第 5 日第二项。

准备　从"教材·答案册"书后取出卡片 9。

要求　头不转动，眼睛平视卡片 9，距离图 20 厘米或再近一些。扫视时，眼睛从黑圈沿着箭头扫视到右面的黑点，再沿线向下扫视到左下的黑点……至最后一个黑点，然后再按原路折回到黑圈为一次。注意：扫视的过程中，头不能转动，眼睛一定要看清楚黑线。

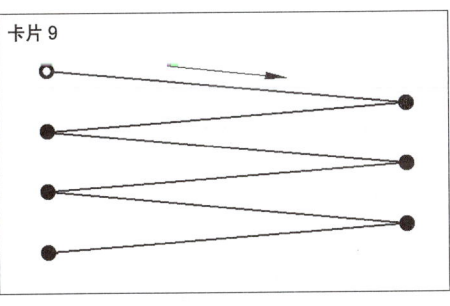

记录　把在二分钟时间里扫视折线的次数写到下面的训练报告表中。共扫视 3 次（3 个二分钟），共记录 3 次。

目标　以规定的二分钟内扫视的次数越多越好。

训练报告表

第二项　视觉追踪 扫视折线	第一次扫视的次数 次	第二次扫视的次数 次	第三次扫视的次数 次

30天注意力提升（第二阶）

第三项　听觉集中　　数出几个指定数字的数目

训练内容参照第1日第三项。

要求　听家长读数列，数出指定数字（"0"，"3"，"6"，"9"）各有几个，并将答案写在下面的训练报告表中。

训练报告表

第三项　听觉集中 数出几个指定数字的数目	0：　　个	3：　　个	6：　　个	9：　　个

第四项　视觉分辨　　找出两个相同的图

训练内容参照第4日第四项。

要求　在每行图中寻找两个相同的图，并在图上作出标记。

图1

图 2

图 3

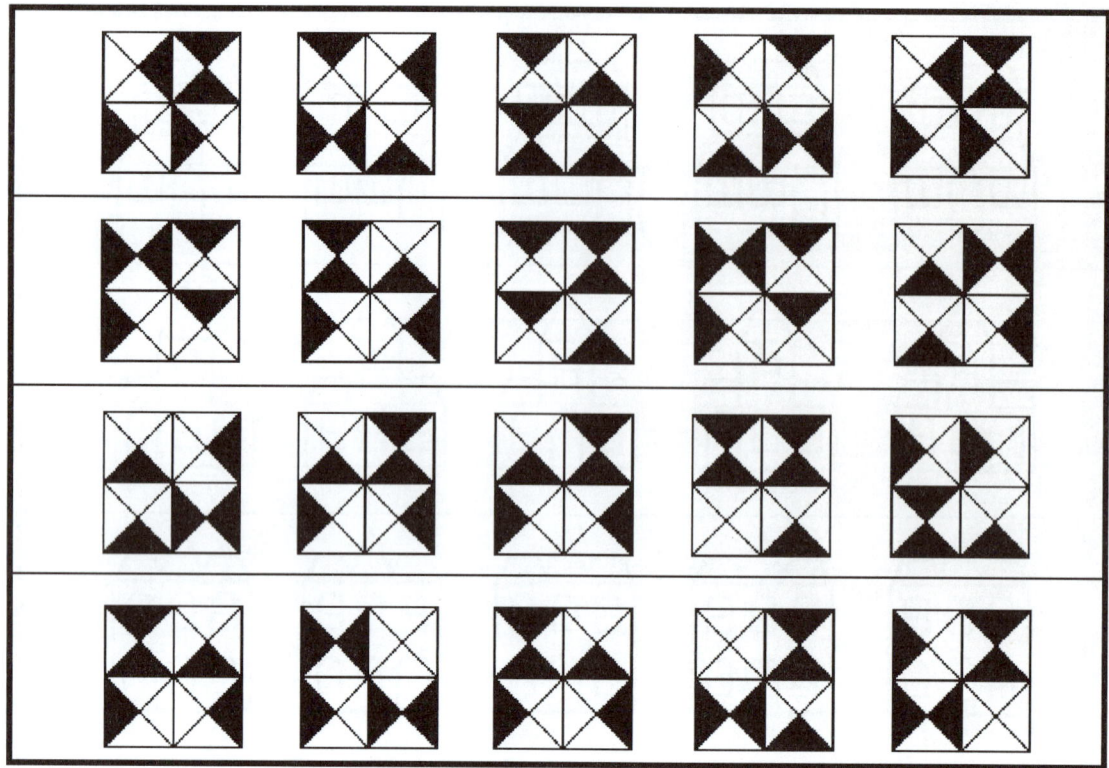

图 4

第五项　听觉分辨　　找出两句话中不同的词语

训练内容参照第 3 日第五项。

要求　听家长读几题很相近的两句话，学生找出两句话中不同的两对词组，并将五组题中不同的两对词组写在下面的训练报告表中。

训练报告表

第五项　听觉分辨 找出两句话中不同的词语	1题	2题
	3题	4题
	5题	

第六项 视觉集中 读倒写的故事

目的 倒读文章时，字与字之间是没有任何逻辑关系的。借助这种情况进行阅读必须要具有很高的视觉注意，因此这种训练可以很有效的提高视知觉集中的能力。

要求 集中注意力读倒写的故事，争取减少错误并逐渐加快速度。

记录 请家长帮助检测读故事的情况，把读错的次数和所用时间写在下面的训练报告表中。

目标 尽量减少读错的次数和缩短读故事的时间。

去年的树

。歌唱儿鸟小着听天天，呢树大。歌唱树大给天天，上枝树的树大在坐儿鸟小。友朋好是鸟小只一和树大棵一

。去方地的远很远很到飞，树大开离须必儿鸟小。了到来要就天冬的冷寒，去过天天一子日

"！听我给儿歌唱还，来回再你请年明！鸟小，了见再"：说儿鸟小对树大

"！吧我着等请，歌唱你给，来回定一年明我。的好"：说儿鸟小

。了去飞方南向就，完说儿鸟小

。了来树大友朋好的她找，里这到回又儿鸟小。净干化融都雪的里林森上野原。了来又天春

。里那在留根树下剩只，了见不，树大？呢情事么什了生发是可

根树问儿鸟"？呀了去方地么什到，树大棵那的儿这在立"

。答回根树"。了去里谷山到拉，倒砍它把子斧用人木伐"

。去飞谷山向儿鸟小

。着响地"——沙——沙"音声的头木锯，厂工的大很个有里谷山

"？吗道知您，儿哪在树大友朋好的我，生先门"：门大问她。上门大的厂工在落儿鸟小

"。了掉卖里子村的边那到运柴火成做，条条细成切给子厂在，么

树大"：说答回门大

。去飞里子村向儿鸟小

"？吗儿哪在柴火道知你，我诉告请，娘姑小"：孩女问儿鸟小。孩女小个着坐，旁灯油煤盏一在

"。着亮里灯盏这在还，火的燃点柴火，是可。了光用经已柴火"：说答回孩女小

。儿会一了看火灯着盯，睛眼大睁儿鸟小

。了走飞就，儿会一看火灯着对又鸟小，儿歌了完唱。听火灯给儿歌的过唱年去了起唱就她，着接

训练报告表

第六项　视觉集中 **读倒写的故事**	读错次数：	个	所用时间：	分	秒

第 10 日

第一项　净心训练　静坐（10分钟）

训练内容参照第 1 日第一项。

要求　学生端坐，两手放于膝盖；将装米的杯子置于头顶；腰背挺直，全身放松；闭目；均匀呼吸，并逐渐放慢。边数呼吸的次数，边听音乐。这样持续坐 10 分钟。

训练报告表

第一项　净心训练 静坐	所用时间：　　分	呼吸次数：　　次	掉杯子数：　　次

第二项　视觉追踪　扫视折线

训练内容参照第 9 日第二项。

准备　从"教材·答案册"书后取出卡片 10。

要求　眼睛平视卡片 10，距图 20 厘米或再近。扫视时，眼睛从黑圈按箭头的指向、沿黑线扫视到最后一个黑点，再按原路折回到黑圈为一次。

注意　扫视过程中，头不能转动，眼睛一定要看清黑线。共扫视 3 个二分钟，记录 3 次。

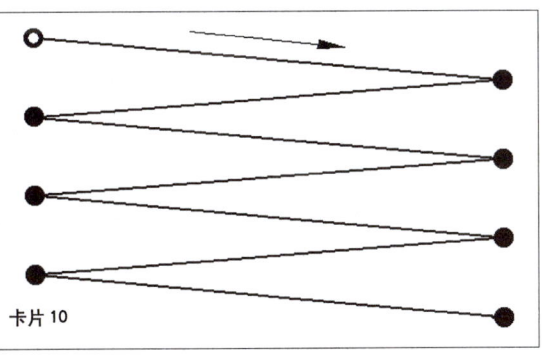
卡片 10

训练报告表

第二项　视觉追踪 扫视折线	第一次扫视的次数	第二次扫视的次数	第三次扫视的次数
	次	次	次

30天注意力提升（第二阶）

第三项　听觉集中　　数出几个指定汉字的数目

训练内容参照第2日第三项。

要求　听家长读故事《猴子磨刀》，数出指定汉字（"磨"，"砍"，"刀"，"一"）各有几个，并回答"简答"提问。将答案写在下面的训练报告表中。

训练报告表

第三项　听觉集中 数出几个指定汉字的数目	磨：　　个	砍：　　个	刀：　　个	一：　　个
	简答　1题		2题	
	3题		4题	
	5题			

第四项　视觉分辨　　找出数序表中缺失的数字

训练内容参照第5日第四项。

要求　表1按正数序1～30，表2按倒数序30～1寻找数序表中缺失的数字，并把答案写在表下面的空格中。

1	23	25	11	7	19
20	13	4	9	15	16
28	30	18	29	6	3
5	14	24	27	10	21

表1

第 10 日训练

2	23	27	8	14	6
18	12	3	16	24	19
26	7	21	17	9	15
4	22	13	25	1	28

表 2

训练报告表

第四项 视觉分辨 找出数序表中缺失的数字	完成表 1 所需时间	分	秒
	完成表 2 所需时间	分	秒

第五项 听觉集中   记录数列中按数序排列缺失的数字

训练内容参照第 4 日第五项。

要求 家长读一个数列，学生认真听，并将数列中缺失的数字写在下面训练报告表中。

训练报告表

第五项 听觉集中 记录数列中按数序排列缺失的数字	1 题	2 题
	3 题	4 题

30天注意力提升（第二阶）

 **第六项　视觉集中**　　读数字

训练内容参照第7日第六项。

要求　要准确、清晰并尽快地读250个数字。

45648	56692	34603	48610	45432
66482	13393	60726	02491	41273
72458	70066	06315	58817	48815
20920	96282	92540	91715	36436
78925	90360	01133	05305	48820
46652	13941	46951	94151	16094
33057	27036	57595	91953	09218
61173	81932	61179	31051	18548
07446	23799	62749	56735	18857
52724	89122	79381	83011	94912

训练报告表

第六项　视觉集中 读数字	读错的数字：　　　　个	所用时间：　　分　　秒

第11日

第一项 净心训练　静坐（10分钟）

训练内容参照第1日第一项。

要求　学生端坐，两手放于膝盖；将装米的杯子置于头顶；腰背挺直，全身放松；闭目；均匀呼吸，并逐渐放慢。边数呼吸的次数，边听音乐。这样持续坐10分钟。

训练报告表

第一项　净心训练 **静坐**	所用时间：	分	呼吸次数：	次	掉杯子数：	次

第二项 视觉追踪　扫视折线

训练内容参照第9日第二项。

准备　从"教材·答案册"书后取出卡片11。

要求　眼睛平视卡片11，距图20厘米或再近。扫视时，眼睛从黑圈按箭头的指向、沿黑线扫视到最后一个黑点，再按原路折回到黑圈为一次。

注意　扫视过程中，头不能转动，眼睛一定要看清黑线。共扫视3个二分钟，记录3次。

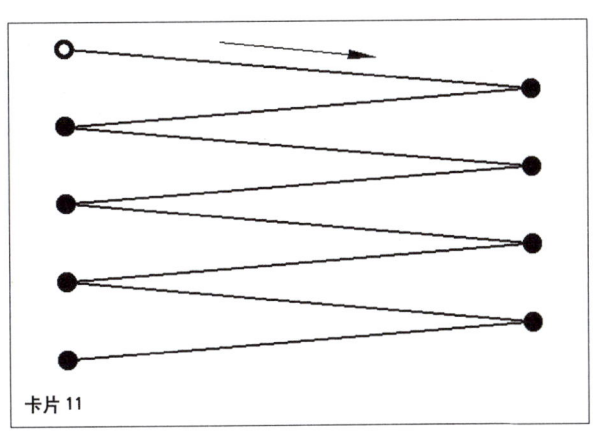

卡片11

训练报告表

第二项　视觉追踪 扫视折线	第一次扫视的次数 　　　次	第二次扫视的次数 　　　次	第三次扫视的次数 　　　次

第三项　听觉集中　　数出几个指定数字的数目

训练内容参照第1日第三项。

要求　听家长读数列，数出指定数字（"2"，"3"，"7"，"8"）各有几个，并将答案写在下面的训练报告表中。

训练报告表

第三项　听觉集中 数出几个指定数字的数目	2：　　个	3：　　个	7：　　个	8：　　个

第四项　视觉理解　　组字成句

训练内容参照第8日第六项。

要求　把几个排列混乱的汉字组成一句符合逻辑的通顺的句子，并将答案写在下面训练报告表中。

训练

1题　要长太大我去外空了　　2题　头有好石上大山的块

3题　火机都飞车我坐和过　　4题　世我界爱球看杯足赛

5题　得他尔是诺奖获者贝　　6题　我界们都望世和希平

7题　全是世一地个村界球　　8题　行全力人动类反暴对

9题　中是个伟国国大的家　　10题　中黄华民是炎子族孙

第 11 日训练

训练报告表

第四项　视觉理解 组字成句	1 题	2 题
	3 题	4 题
	5 题	6 题
	7 题	8 题
	9 题	10 题

第五项　听觉分辨　　找出三句话中相同的词组

训练内容参照第 5 日第五项。
要求　听家长读几题中三句不同内容的话，学生找出三句话中相同的两个词组。

训练报告表

第五项　听觉分辨 找出三句话中相同的 词组	1 题	2 题
	3 题	4 题

第六项　视觉分辨　　数相同图形的数目

训练内容参照第 6 日第四项。
要求　在下图中数出相同图形的数目，并将各种图形的数目写在图下面的空格中。

训练报告表

第六项　视觉分辨 数相同图形的数目	全部完成所用时间：　　分　　秒	细心程度：
	全部完成共进行的次数：　　次	意志表现：

30 天注意力提升（第二阶）

训练

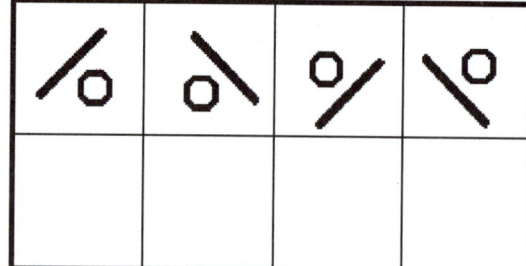

第 12 日

 **第一项 净心训练** 静坐（10分钟）

训练内容参照第 1 日第一项。

要求 学生端坐，两手放于膝盖；将装米的杯子置于头顶；腰背挺直，全身放松；闭目；均匀呼吸，并逐渐放慢。边数呼吸的次数，边听音乐。这样持续坐 10 分钟。

训练报告表

第一项 净心训练 静坐	所用时间： 分	呼吸次数： 次	掉杯子数： 次

第二项 视觉追踪 扫视折线

训练内容参照第 9 日第二项。

准备 从"教材·答案册"书后取出卡片 12。

要求 眼睛平视卡片 12，距图 20 厘米或再近。扫视时，眼睛从黑圈按箭头的指向、沿黑线扫视到最后一个黑点，再按原路折回到黑圈为一次。

注意 扫视过程中，头不能转动，眼睛一定要看清黑线。共扫视 3 个二分钟，记录 3 次。

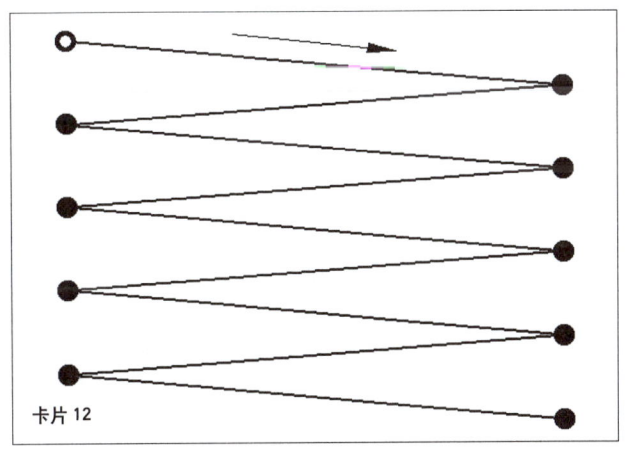
卡片 12

训练报告表

第二项 视觉追踪 扫视折线	第一次扫视的次数	第二次扫视的次数	第三次扫视的次数
	次	次	次

30 天注意力提升（第二阶）

 **第三项　听觉集中**　数出几个指定汉字的数目

训练内容参照第 2 日第三项。

要求　听家长读故事《好马》，数出指定汉字（"朋"，"马"，"好"，"上"）各有几个，并回答"简答"提问。将答案写在下面的训练报告表中。

训练报告表

第三项　听觉集中 数出几个指定汉字的数目	朋：　　个	马：　　个	好：　　个	上：　　个
	1 题		2 题	
	3 题		4 题	
	5 题		6 题	

 **第四项　视觉分辨**　找出横线两边不同的数字

训练内容参照第 2 日第三项。

要求　将横线右面数列中与左面对应数列不同的数字划出来。

目标　以划错的不同数字越少越好。

627—627	174—177
5931—5031	5698—5968
63485—63458	32570—32576
147921—227911	146870—146370
47621—47021	46832—46632
3698—3986	1125—1125
010—101	590—560

523—532	265—263
6485—4683	3796—3679
28741—28714	45213—45323
384257—384257	670632—760232
73510—73570	13529—13529
2359—2539	9841—9941
383—338	675—567

第五项　听觉记忆　　倒述五字短句

训练内容参照第 6 日第五项。

要求　听家长读一个五个字的短句，学生把这个短句倒过来复述。并把说错的句子数写在下面训练报告表中

训练报告表

第五项　听觉记忆 **倒述五字短句**	读错：	句	反应速度：

第六项　视觉集中　　读倒写的故事

训练内容参照第 9 日第六项。

要求　集中注意力读倒写的故事，争取减少错误并逐渐加快速度。

训练报告表

第六项　视觉集中 **读倒写的故事**	读错次数：	次	所用时间：	分	秒

30天注意力提升（第二阶）

训练

开门的小女孩

吃物食讨人向皮头着硬定决他以所。钱的来挣去花而物食的吃买了为想不就，费学些凑多想心他于由。多不也钱的到挣且而，苦辛是很作工。品产销推地户挨家挨地外到，费学足凑了为生学的苦穷位一

渴解水开杯一讨想他，说孩女小着对他，是于！了子面没太？呢的吃西东讨孩女小个一向生男大有哪下天：想他，气勇的物食讨了去失便，看一他。孩女小个一是的门开，门的家人户一了敲他

了笑地偷偷禁不，法吃种这他到看，孩女小的旁一在站。来起吃地咽虎吞狼，包面过接刻立他。他给包面片几和水开杯一了拿是于，饿饥常非他出得看孩女小

"？呢钱少多你给该应我，你谢谢"：说孩女小对地激感很生学穷，后完吃

"。多很家们我，物食种这，啦必不"：说着笑孩女小

他觉得自己很幸运，在陌生的地方还能受到他人如此温馨的照料。

他们便到了很远的地方找这位医生。女孩家听人说有一位医术很高明的医生能够治好女孩的病，多年以后，小女孩感染了疾病，找了许多医生治，都束手无策。

在医生的全力医治和长期的护理下，小女孩终于恢复了往日的健康。

自己可能要辛辛苦苦工作一辈子才能还得起这笔钱。因为她知道这应当是一笔相当大的费用，她几乎没有勇气打开来看，护士给她医疗费用账单，出那天院

最后，当她打开账单时，看到账单上签名的写着以下这段话：

"一杯开水与几片面包，足够偿还所有的医疗费。"

她含着眼泪终于明白，原来主治医师就是当年那个穷学生。

第 13 日

第一项　净心训练　　静坐（10 分钟）

训练内容参照第 1 日第一项。

要求　学生端坐，两手放于膝盖；将装米的杯子置于头顶；腰背挺直，全身放松；闭目；均匀呼吸，并逐渐放慢。边数呼吸的次数，边听音乐。这样持续坐 10 分钟。

训练报告表

第一项　净心训练 静坐	所用时间：　　分	呼吸次数：　　次	掉杯子数：　　次

第二项　定点注视　　注视一点不动

训练内容参照第 1 日第二项。

准备　从"教材·答案册"书后取出卡片 1。

要求　将卡片 1 平置于距眼睛 20 厘米处，连续盯视 1 分钟。之后，眼睛看着墙壁上出现的白色圆形，数从看到白色圆形到圆形消失时间的长短。连续做三次。

卡片 1

训练报告表

第二项　定点注视 注视一点不动	第一次影像延续时间	第二次影像延续时间	第三次影像延续时间
	秒	秒	秒

第三项　听觉集中　　数出几个指定数字的数目

训练内容参照第 1 日第三项。

要求　听家长读数列，数出指定数字（"0"，"3"，"5"，"7"）各有几个，

30天注意力提升（第二阶）

并将答案写在下面的训练报告表中。

训练报告表

第三项　听觉集中 数出几个指定数字的数目	0:　　　个	3:　　　个	5:　　　个	7:　　　个

第四项　视觉分辨　　找出与框外围相反的图

训练内容参照第3日第四项。

要求　在内框中寻找与框外围相反的图，并把框外图的号数写在框内相应的图旁。

训练

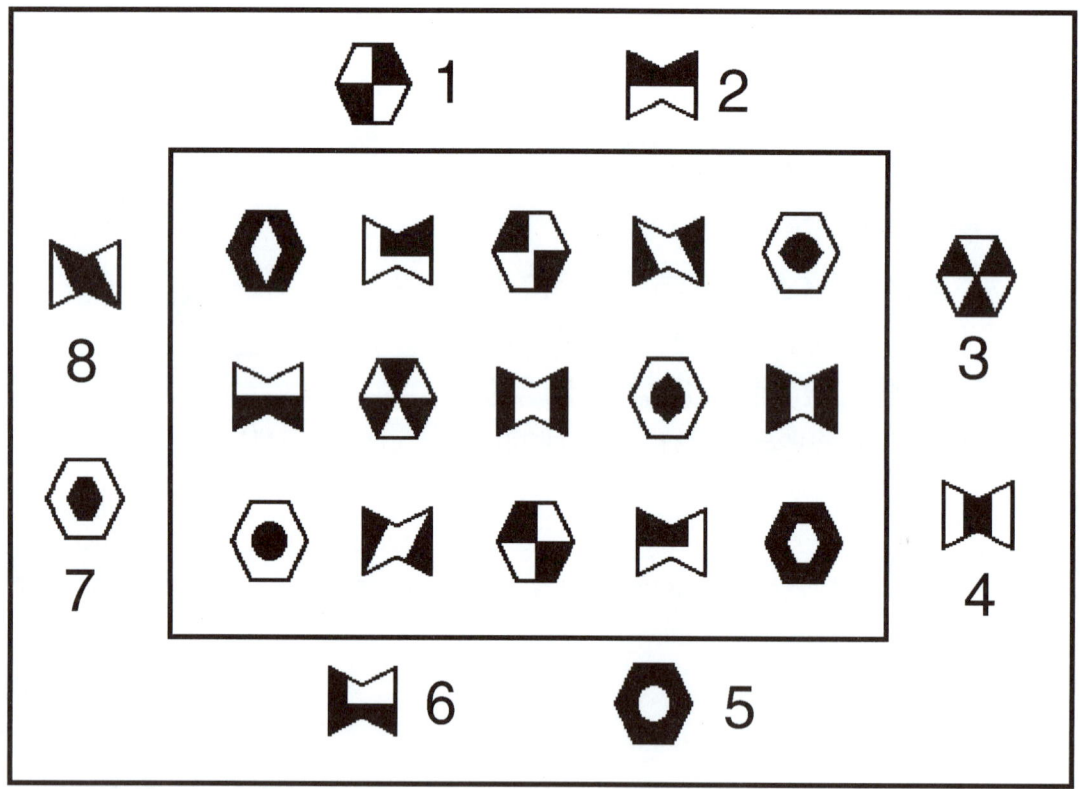

图 1

第 13 日训练

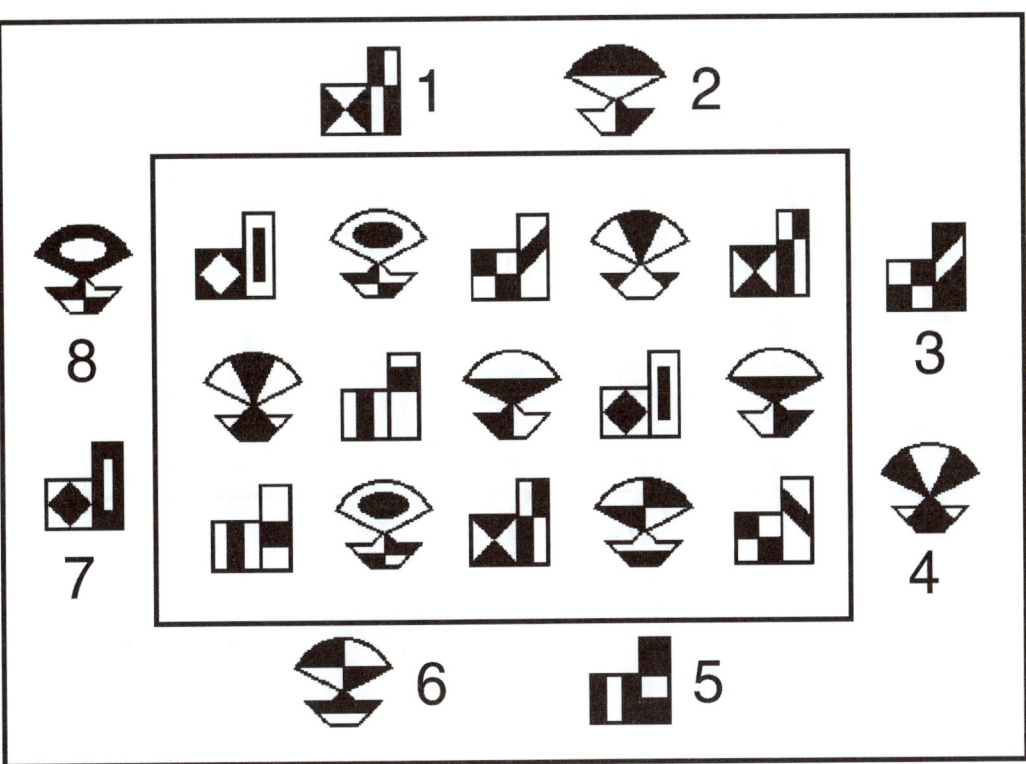

图 2

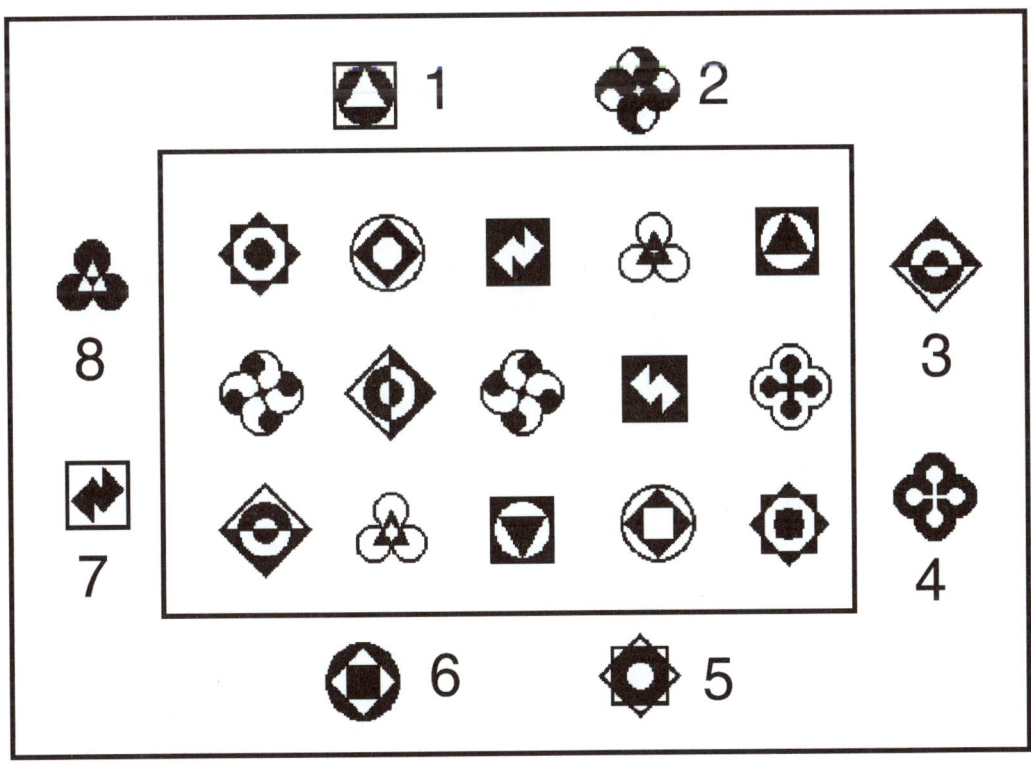

图 3

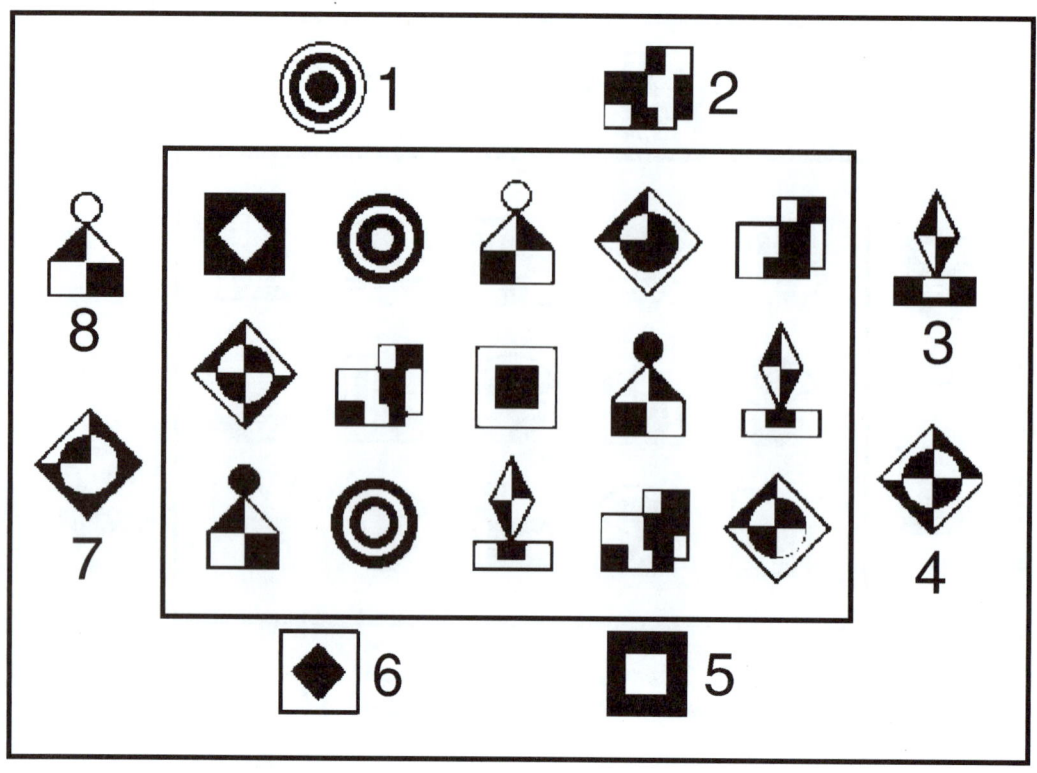

图 4

第五项 听觉转移　　按词组的分类画符号

训练内容参照第 7 日第五项。

要求　听家长按顺序读 40 个词组，当听到词组属于"花卉"类时，在相应的格子内画"√"。

1	2	3	4	5	6	7	8	9	10
11	12	13	14	15	16	17	18	19	20
21	22	23	24	25	26	27	28	29	30
31	32	33	34	35	36	37	38	39	40

第 13 日训练

训练报告表

第五项　听觉转移 **按词组的分类画符号**	画错：　　　　　　　　个

 **第六项　知觉转移**　口手配合

训练内容参照第 6 日第六项。

要求　大声从 14 顺数到 70，逢 5 不出声，用拍手代替。把说错和拍错的次数写在下面的训练报告表中

训练报告表

第六项　知觉转移 **口手配合**	用拍手代替数数，说错、拍错：　　　　次

第 14 日

第一项　净心训练　　静坐（10分钟）

训练内容参照第1日第一项。

要求　学生端坐，两手放于膝盖；将装米的杯子置于头顶；腰背挺直，全身放松；闭目；均匀呼吸，并逐渐放慢。边数呼吸的次数，边听音乐。这样持续坐10分钟。

训练报告表

第一项　净心训练 静坐	所用时间： 分	呼吸次数： 次	掉杯子数： 次

第二项　视觉追踪　　扫视折线

准备　从"教材·答案册"书后取出卡片13。

要求　将卡片13平置，眼睛距图20厘米或再近，头不动，眼睛由黑圈开始沿箭头方向快速按折线方向扫视……直到回到黑圈，算一次。在扫视的过程中，必须要看清黑线。记住二分钟时间内扫视的次数。

记录　将二分钟时间内扫视的次数，写在下面的训练报告表中。共扫视3次（3个二分钟），并记录3次。

目标　以扫视的次数越多越好。

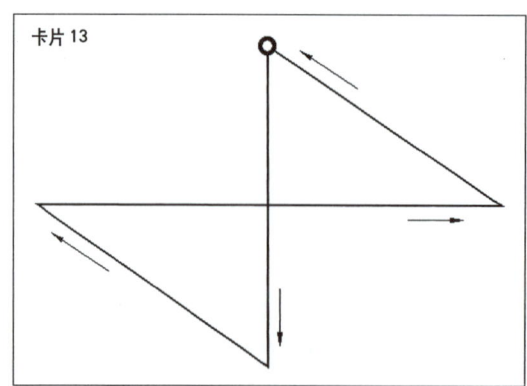

第 14 日训练

训练报告表

第二项　视觉追踪 扫视折线	第一次扫视的次数	第二次扫视的次数	第三次扫视的次数
	次	次	次

第三项　听觉集中　　数出几个指定汉字的数目

训练内容参照第 2 日第三项。

要求　听家长读故事《谣言的害处》，数出指定汉字（"子"，"人"，"了"，"杀"）各有几个，并回答"简答"提问。将答案写在下面的训练报告表中。

训练报告表

第三项　听觉集中 数出几个指定汉字的数目	子：　　个	人：　　个	了：　　个	杀：　　个
	简答　1题			2题
	3题			4题
	5题			

第四项　视觉分辨　　找出不同的一个图

目的　通过练习，在比较的过程中，既提高了视觉的分辨能力，又开发了右脑的形象思维能力。

要求　在每一行的五个图中寻找与其他图不同的一个图，并把这个图标出来。注意此类题中的图形可以旋转着看。

目标　以找对的图越多越好。

训练

30天注意力提升（第二阶）

图 1

图 2

第 14 日训练

 **第五项　听觉记忆**　　听记数列

训练内容参照第 2 日第五项。

要求　家长读数列（注意：此项数列由几个二位数组成），学生记住家长读的数列。听完一组数列后再将数列写在训练报告表中，不能边听边记。

训练报告表

第五项　听觉记忆 听记数列	1 题	
	2 题	

 **第六项　视觉集中**　　读数字

训练内容参照第 7 日第六项。

要求　要准确、清晰并尽快地读 250 个数字。

98336	73362	44065	66430	86021	39494
63952	24737	19070	21798	60943	70277
05392	17176	29317	67523	84674	81846
76694	05132	00056	81271	45263	56082

67

77857　71342　75778　96091　73637　17872

14684　40901　22495　34301　46549　58537

10507　92279　68925　89235　42019　95611

21290　21960　86403　44181　59813　62977

47713　09960

训练报告表

第六项 视觉集中 **读数字**	读错的数字： 　　个	所用时间： 　　分　　秒

第 15 日训练

第 15 日

第一项　净心训练　静坐（10分钟）

训练内容参照第 1 日第一项。

要求　学生端坐，两手放于膝盖；将装米的杯子置于头顶；腰背挺直，全身放松；闭目；均匀呼吸，并逐渐放慢。边数呼吸的次数，边听音乐。这样持续坐 10 分钟。

训练报告表

第一项　净心训练 静坐	所用时间：　　分	呼吸次数：　　次	掉杯子数：　　次

第二项　视觉追踪　扫视折线

训练内容参照第 14 日第二项。

准备　从"教材·答案册"书后取出卡片 14。

要求　将卡片 14 平置，眼睛距图 20 厘米，头不动。眼睛由黑圈按箭头指向快速沿折线方向扫视……直到回到黑圈，算一次。记住二分钟内扫视的次数，共扫视 3 个二分钟。

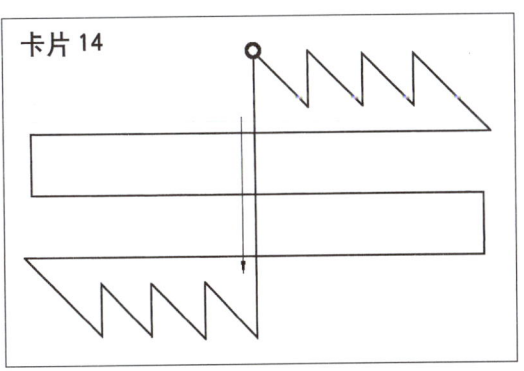

卡片 14

训练报告表

第二项　视觉追踪 扫视折线	第一次扫视的次数	第二次扫视的次数	第三次扫视的次数
	次	次	次

第三项　听觉集中　数出几个指定数字的数目

训练内容参照第 1 日第三项。

要求 听家长读数列，数出指定数字（"1"，"5"，"7"，"9"）各有几个，并将答案写在下面的训练报告表中。

训练报告表

第三项 听觉集中 数出几个指定数字的数目	1： 个	5： 个	7： 个	9： 个

第四项 视觉理解 组字成句

训练内容参照第8日第六项。

要求 把几个排列混乱的汉字组成一句符合逻辑的通顺的句子，并将答案写在下面训练报告表中。

训练

1题 上梦我到见了月飞球我　　2题 动猎是跑最豹快的物得

3题 学我都习知法要律识们　　4题 我的爱最记看是西书游

5题 我歌们班一得了唱第名　　6题 表考学哥上了想的大理

7题 游暑堂和假我弟泳去学　　8题 表令姐去北营京参夏加

9题 节春许我鞭放们了多炮　　10题 亮中又节的秋月圆亮又

训练报告表

第四项 视觉理解 组字成句	1题	2题
	3题	4题
	5题	6题
	7题	8题
	9题	10题

第 15 日训练

第五项　听觉分辨　　找出两句话中不同的词组

训练内容参照第 3 日第五项。

要求　听家长读几题很相近的两句话，学生找出两句话中不同的两对词组。将五题中不同的两对词组写在下面的训练报告表中。

训练

训练报告表

第五项　听觉分辨 找出两句话中不同的 词组	1 题	2 题
	3 题	4 题
	5 题	

第六项　视觉分辨　　找出数序表中缺失的数字

训练内容参照第 5 日第四项。

要求　表 1 按正数序 1～40，表 2 按倒数序 40～1 寻找数序表中缺失的数字，并把缺数写在表下面的空格中。

训练

14	5	31	27	37
40	34	23	1	20
19	16	32	13	33
2	6	8	25	9
12	26	36	28	39
10	15	22	35	4

30天注意力提升（第二阶）

表1

39	28	1	10	19
17	29	13	35	5
31	9	11	24	36
23	37	15	8	38
14	26	3	18	21
6	33	27	4	20

表2

训练报告表

第六项　视觉分辨 找出数序表中缺失的数字	完成表1所需时间	分	秒
	完成表2所需时间	分	秒

第 16 日训练

第 16 日

第一项 净心训练　　静坐 （10分钟）

训练内容参照第 1 日第一项。

要求　学生端坐，两手放于膝盖；将装米的杯子置于头顶；腰背挺直，全身放松；闭目；均匀呼吸，并逐渐放慢。边数呼吸的次数，边听音乐。这样持续坐 10 分钟。

训练报告表

第一项 净心训练 静坐	所用时间：　　分	呼吸次数：　　次	掉杯子数：　　次

第二项 视觉追踪　　扫视折线

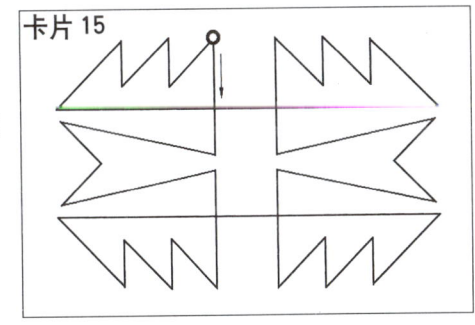

训练内容参照第 14 日第二项

准备　从"教材·答案册"书后取出卡片 15。

要求　将卡片 15 平置，眼睛距图 20 厘米，头不动。眼睛由黑圈按箭头指向快速沿折线方向扫视……直到回到黑圈，算一次。记住二分钟内扫视的次数，共扫视 3 个二分钟。

训练报告表

第二项 视觉追踪 扫视折线	第一次扫视的次数	第二次扫视的次数	第三次扫视的次数
	次	次	次

第三项 听觉集中　　数出几个指定汉字的数目

训练内容参照第 2 日第三项。

要求　听家长读故事《聪明的小汤姆》，数出指定汉字（"光"，"想"，"灯"，

"他")各有几个,并回答"简答"提问。将答案写在下面的训练报告表中。

训练报告表

第三项 听觉集中 **数出几个指定汉字的数目**	光: 个	想: 个	灯: 个	他: 个
	简答 1题		2题	
	3题		4题	
	5题		6题	
	7题			

第四项 视觉集中　读倒写的成语接龙

目的 倒读成语时,字与字之间是没有任何逻辑关系的。借助这种情况进行阅读,必须要具有很高的视觉注意,因此这种训练可以很有效的提高视知觉集中的能力。

要求 集中注意力读,争取减少错误并逐渐加快速度。

记录 请家长帮助检测学生读成语的情况,并把读错的次数和所用时间写在下面的训练报告表中。

目标 以读错少为好,时间短为好。

训练

愧无心问——问自躬反——反必极物——物接人待——待以阵严——

严词正义——义取章断——断不源源——源桃外世——世百芳流——

流自任放——放怒花心——心用有别——别死离生——生余口虎——

虎活龙生——生人戏游——游重地故——故世情人——人老下月——

月累年经——经不诞荒——荒天老地——地谢天谢——谢代陈新——

新一目面——面露头出——出为入量——量无德功——功成到马——

马流牛木——木接花移——移星换物——物无洞空——空皆大四——

四不三不

第 16 日训练

训练报告表

第四项 视觉集中 读倒写的成语接龙	读错： 个字	所用时间： 分 秒

第五项 听觉集中　　记录列中按数序排列缺失的数字

训练内容参照第 4 日第五项。

要求　家长读一个数列，学生认真听，边听边将找到的缺失数字写在下面的训练报告表中。

训练报告表

第五项 听觉集中 记录列中按数序排列缺失的数字	1 题	2 题
	3 题	4 题

第六项 视觉分辨　　数相同图形的数目

训练内容参照第 6 日第四项。

要求　在下图中数出相同图形的数目，并将各种图形的数目写在图下面的空格中。

训练报告表

第六项 视觉分辨 数相同图形的数目	全部完成所用时间： 分 秒	细心程度：
	全部完成共进行的次数： 次	意志表现：

30 天注意力提升（第二阶）

训练

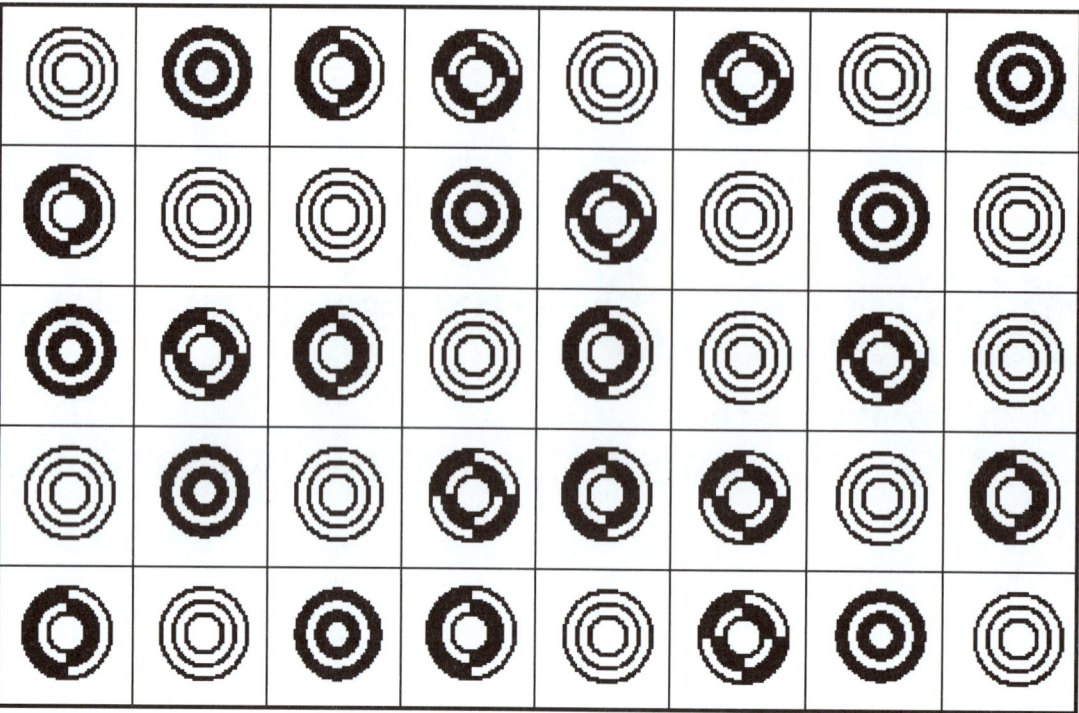

第 17 日

第一项　净心训练　　静坐（10分钟）

训练内容参照第1日第一项。

要求　学生端坐，两手放于膝盖；将装米的杯子置于头顶；腰背挺直，全身放松；闭目；均匀呼吸，并逐渐放慢。边数呼吸的次数，边听音乐。这样持续坐10分钟。

训练报告表

第一项　净心训练 静坐	所用时间：　　分	呼吸次数：　　次	掉杯子数：　　次

第二项　视觉追踪　　扫视折线

训练内容参照第14日第二项。

准备　从"教材·答案册"书后取出卡片16。

要求　将卡片16平置，眼睛距图20厘米，头不动。眼睛由黑圈按箭头指向快速沿折线方向扫视……直到回到黑圈，算一次。记住二分钟内扫视的次数，共扫视3个二分钟。

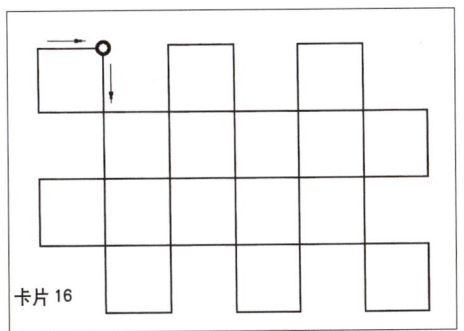

卡片16

训练报告表

第二项　视觉追踪 扫视折线	第一次扫视的次数	第二次扫视的次数	第三次扫视的次数
	次	次	次

30天注意力提升（第二阶）

第三项　听觉集中　数出几个指定数字的数目

训练内容参照第1日第三项。

要求　听家长读数列，数出指定数字（"0"，"3"，"7"，"9"）各有几个，并将答案写在下面的训练报告表中。

训练报告表

第三项　听觉集中 数出几个指定数字的数目	0：　　个	3：　　个	7：　　个	9：　　个

第四项　视觉集中　读数字

训练内容参照第7日第六项。

要求　要准确、清晰并尽快地读250个数字。

51870	72113	49999	99837	29780
49951	05973	17328	16096	31859
50244	59455	34690	83026	42522
30825	33446	85035	26193	11881
71010	00313	78387	52886	58753
32083	81420	61717	76691	47303
59825	34904	28755	46873	11595
62863	88235	37875	93751	95778
18577	80532	17122	68066	13001
92787	66111	95909	21642	01989

第 17 日训练

训练报告表

第四项 视觉集中 读数字	读错的数字： 个	所用时间： 分 秒

第五项　听觉分辨　找出三句话中相同的词组

训练内容参照第 5 日第五项。

要求　听家长读几组题中三句不同内容的话，学生找出三句话中相同的两个词组。

训练报告表

第五项 听觉分辨 找出三句话中相同的词组	1 题
	2 题
	3 题
	4 题

第六项　视觉分辩　找出横线两边不同的数字

训练内容参照第 2 日第四项。

要求　将横线右面数列中与左面对应数列不同的数字划出来。

目标　以划错的不同数字越少越好。

3346699—3344669　　　5698714—5698741

6935078—9653087　　　8543197—8543199

0653196—0653196　　　7541326—7541236

3296547—3295647　　　2345687—2345678

1256379—1256397　　　2565448—2565488

9784561—9784561   0668525—0662585

4781263—4783216   3255665—3266555

6985412—6985421   9854251—9854251

1342956—1234956   9047185—9074158

4079381—4087381   5961828—5691281

7896544—7896522   1542687—1542678

1942123—1924321   9357045—9557054

7384095—7483096   3305724—3307542

3715860—3715860   6420975—6420977

5490073—5409073   2938475—2983745

8280746—8208764   1928576—1982567

第 18 日

第一项　净心训练　　静坐（10分钟）

训练内容参照第1日第一项。

要求　学生端坐，两手放于膝盖；将装米的杯子置于头顶；腰背挺直，全身放松；闭目；均匀呼吸，并逐渐放慢。边数呼吸的次数，边听音乐。这样持续坐10分钟。

训练报告表

第一项　净心训练 静坐	所用时间：　　分	呼吸次数：　　次	掉杯子数：　　次

第二项　视觉追踪　　扫视折线

准备　从"教材·答案册"书后取出卡片17。

要求　将卡片17平置，眼睛距图20厘米或再近，头不动，眼睛由黑圈开始沿黑线方向快速扫视……直到中间的黑点，算一次。再反向沿黑线回到黑圈，算第二次。在扫视的过程中，必须要看清黑线。记住二分钟时间内扫视的次数。

记录　将二分钟时间内扫视的次数，记录在下面的训练报告表中。共扫视3次（3个二分钟），并记录3次（若时间到了，还停在半路，可算半次）。

目标　以扫视的次数越多越好。

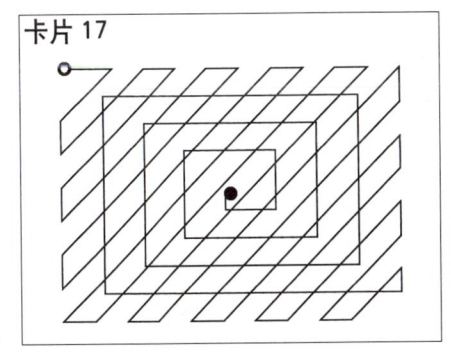
卡片17

训练报告表

第二项　视觉追踪 扫视折线	第一次扫视的次数	第二次扫视的次数	第三次扫视的次数
	次	次	次

第三项　听觉集中　　数出几个指定汉字的数目

训练内容参照第 2 日第三项。

要求　听家长读故事《黑点和白点》，数出指定汉字（"一"，"点"，"黑"，"们"）各有几个，并回答"简答"提问。将答案写在下面的训练报告表中。

训练报告表

第三项　听觉集中 数出几个指定汉字的目	一：　　个	点：　　个	黑：　　个	他：　　个
	简答　1 题		2 题	
	3 题		4 题	
	5 题			

第四项　视觉分辨　　找出几个与标准图相同的图

目的　通过练习，在比较的过程中，既提高了视觉的分辨能力，又开发了右脑的形象思维能力。

要求　在下图中寻找与上面标准图相同的图，并在图上做出标记。

目标　以找对的图形越多越好。

训练

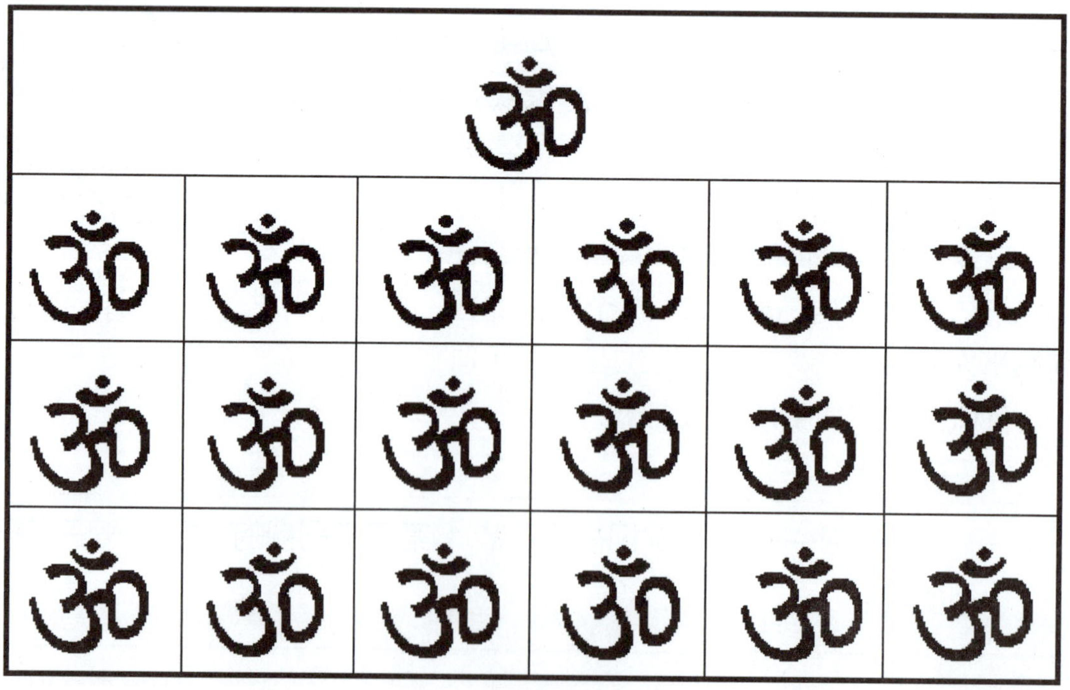

图 1

图 2

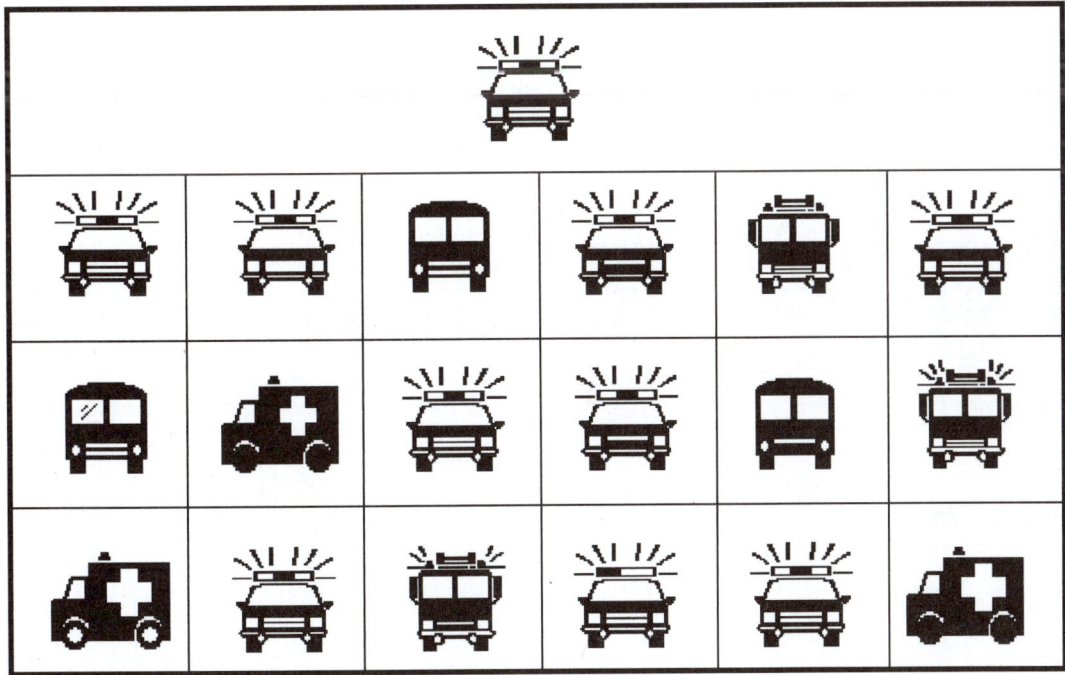

图 3

30 天注意力提升（第二阶）

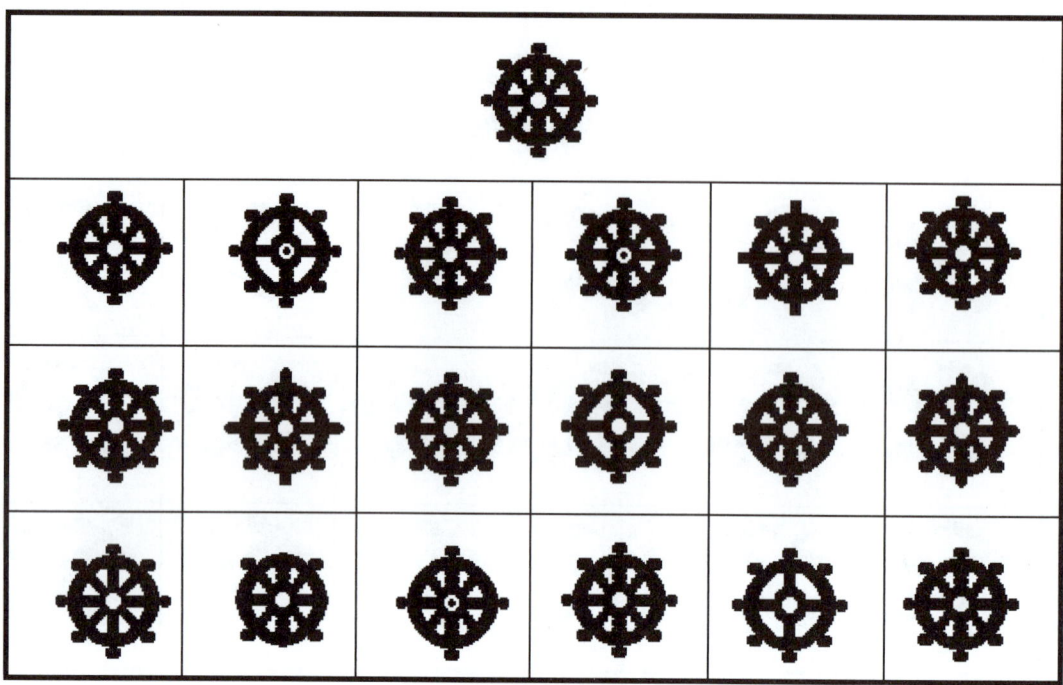

图 4

第五项　听觉记忆　　倒述七字短句

训练内容参照第 6 日第五项。

要求　听家长读一个七个字的短句，学生把这个短句倒过来复述。把说错的句子数写在训练报告表中

训练报告表

第五项　听觉记忆 倒述七字短句	读错：　　句	反应速度：

第六项　视觉理解　句组段

目的　通过练习，提高学生对文章的理解能力和逻辑思维能力。

要求　按照逻辑关系，将给出的几句话编成一篇通顺的小文章。在每句话后面的括号内填上你认为正确的顺序号（即把你认为是第一句话后面的括号内写上"1"，第二句后面的括号内写上"2"……）。

例如三个短句：

- 他洗脸、刷牙，吃完早饭。　　　　　　　　　　　　　　　　（2）
- 天亮了，小华起床。　　　　　　　　　　　　　　　　　　　（1）
- 背着书包上学校。　　　　　　　　　　　　　　　　　　　　（3）

记录　最后再把题目中随意展示的几句话后面括号内填写的数字，自下而上地抄到下面训练报告表中。例如上面举例的三个短句的答案应写为"2—1—3"。

目标　以文章通顺、逻辑关系正确为好。

训练

1题
- 山羊爷爷挥挥手说："再见！"　　　　　　　　　　　　　　（　　）
- 小花鹿连忙说："请进，山羊爷爷！"　　　　　　　　　　　（　　）
- 鹿妈妈送上一杯茶，说："山羊爷爷，请喝茶！"　　　　　　（　　）
- 鹿妈妈和小山羊说："山羊爷爷，再见！"　　　　　　　　　（　　）
- 山羊爷爷进屋后，小花鹿说："请坐，山羊爷爷。"　　　　　（　　）
- 山羊爷爷到小花鹿家做客。　　　　　　　　　　　　　　　（　　）
- 山羊爷爷要回去了，鹿妈妈和小山羊送山羊爷爷到门口。　　（　　）

2题
- 小花狗的纽扣掉了。　　　　　　　　　　　　　　　　　　（　　）
- 花喜鹊把纽扣缝好了。　　　　　　　　　　　　　　　　　（　　）
- 小鸭子说："不要紧，以后走路小心点。小猪哥哥！"　　　　（　　）
- 小猪忙把小鸭子扶起来，连声说："对不起，对不起！"　　　（　　）

- 花喜鹊说："小花狗，你别走，我帮你把纽扣缝起来。" （　　）
- 小猪把小鸭子撞了个脚朝天。 （　　）
- 小花狗说："谢谢你，喜鹊姐姐。" （　　）

3题
- 一只小兔子说："我吃了一只狗。" （　　）
- 几只小兔子在吃动物饼干，一只老虎躲在大树后面偷听。（　　）
- 一只小兔说："我吃了一只牛。" （　　）
- 一只小兔说："我吃了一只老虎。" （　　）
- 老虎听了扭头逃跑了。 （　　）
- 一只小兔说："我吃了一只狼。" （　　）
- 一只小兔说："我吃了一头狮子。" （　　）

训练报告表

第六项　视觉理解 句组段	1题：
	2题：
	3题：

第 19 日

第一项　净心训练　　静坐（10 分钟）

训练内容参照第 1 日第一项。

要求　学生端坐，两手放于膝盖；将装米的杯子置于头顶；腰背挺直，全身放松；闭目；均匀呼吸，并逐渐放慢。边数呼吸的次数，边听音乐。这样持续坐 10 分钟。

训练报告表

第一项　净心训练 静坐	所用时间：　　　分	呼吸次数：　　　次	掉杯子数：　　　次

第二项　视觉追踪　　扫视折线

训练内容参照第 18 日第二项。

准备　从"教材·答案册"书后取出卡片 18。

要求　将卡片 18 平置，眼睛距图 20 厘米或再近，头不动，眼睛由黑圈开始沿黑线方向快速扫视……直到中间的黑点，算一次。再反向沿黑线回到黑圈，算第二次。记住二分钟时间内扫视的次数。共扫视 3 次（3 个二分钟），并记录 3 次（若时间到了，还停在半路，可算半次）。

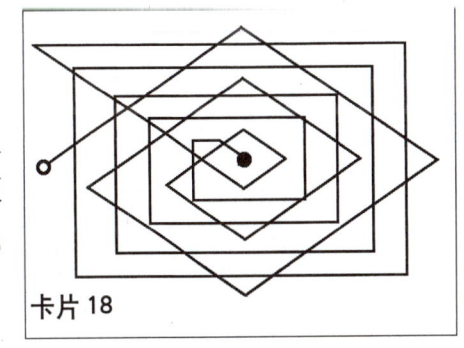

卡片 18

训练报告表

第二项　视觉追踪 扫视折线	第一次扫视的次数	第二次扫视的次数	第三次扫视的次数
	次	次	次

30天注意力提升（第二阶）

 第三项 听觉集中　数出几个指定数字的数目

训练内容参照第1日第三项。

要求　听家长读数列，数出指定数字（"1"，"4"，"6"，"7"）各有几个，并将答案写在下面的训练报告表中。

训练报告表

第三项 听觉集中 数出几个指定数字的数目	1:　　个	4:　　个	6:　　个	7:　　个

 第四项 视觉分辨　找出数序表中缺失的数字

训练内容参照第5日第四项。

要求　表1按正数序1～40，表2按倒数序40～1寻找数序表中缺失的数字，并把缺数写在表下面的空格中。

训练

32	28	40	12	5	3
25	8	13	33	17	29
36	2	15	9	19	21
38	11	24	26	34	6
14	20	39	16	22	18

表1

19	30	15	29	13	10
39	21	7	2	25	1
18	23	37	33	12	38
11	22	28	14	17	34
40	24	35	16	20	26

表 2

训练报告表

第四项 视觉分辨 找出数序表中缺失的数字	完成表 1 所需时间	分	秒
	完成表 2 所需时间	分	秒

第五项 听觉转移 按词组的分类画符号

训练内容参照第 7 日第五项。

要求 听家长按顺序读 40 个词组，当听到词组属于"乐器"类时，在相应的格子内写"√"。

30 天注意力提升（第二阶）

1	2	3	4	5	6	7	8	9	10
11	12	13	14	15	16	17	18	19	20
21	22	23	24	25	26	27	28	29	30
31	32	33	34	35	36	37	38	39	40

训练报告表

第五项 听觉转移 按词组的分类画符号	画错： 个

 **第六项　视觉集中**　　读汉语拼音

目的　通过练习读汉语拼音，即可巩固学过的汉语拼音知识，也可提高视觉集中能力。

要求　学生集中注意读汉语拼音，争取又正确又快速。

记录　请家长帮助检测读拼音的情况，并把读错的次数和所用时间写在下面训练报告表中。

目标　以拼读出现的错误越少，所用时间尽量短为好。

训练

妞妞和牛

Lù nà biān zǒu lái chuān zhe lǜ ǎo de nǚ wá jiào nīu niu, shǒu lǐ ná zhe gǎn níu de xiǎo biān lā zhe xiǎo níu wǎng nán zǒu。Xiǎo níu dōng nǐu xī niǔ、nǐng lái nǐng qù bù kěn wǎng nán zǒu。Nǎo de niū niu yòu niē yòu níng xiǎo niú de ròu:"Nǐ zěn me zhè mè nìng, děng wǒ huí qù lā lái nǎi nai kàn tā néng bù néng ràng nǐ wǎng nán zǒu！"

训练报告表

第六项　视觉集中 读汉语拼音	读错：　　　个	所用时间：　　分　　秒

第 20 日

第一项　净心训练　　静坐（10 分钟）

训练内容参照第 1 日第一项。

要求　学生端坐，两手放于膝盖；将装米的杯子置于头顶；腰背挺直，全身放松；闭目；均匀呼吸，并逐渐放慢。边数呼吸的次数，边听音乐。这样持续坐 10 分钟。

训练报告表

第一项　净心训练 静坐	所用时间：　　分	呼吸次数：　　次	掉杯子数：　　次

第二项　定点注视　　注视一点不动

训练内容参照第 1 日第二项。

准备　从"教材·答案册"书后取出卡片 1。

要求　将卡片 1 平置于距眼睛 20 厘米处，连续盯视 1 分钟。之后，眼睛看着墙壁上出现的白色圆形，数从看到白色圆形到圆形消失时间的长短。连续做三次。

训练报告表

第二项　定点注视 注视一点不动	第一次影像延续时间 秒	第一次影像延续时间 秒	第一次影像延续时间 秒

第三项　听觉集中　　数出几个指定汉字的数目

训练内容参照第 2 日第三项。

要求　听家长读故事《猫和碟子》，数出指定汉字（"子"，"猫"，"小"，

第20日训练

"我")各有几个,并回答"简答"提问。将答案写在下面的训练报告表中。

训练报告表

第三项 听觉集中 数出几个指定汉字的数目	了: 个	猫: 个	小: 个	我: 个
	简答 1题		2题	
	3题		4题	
	5题			

第四项 视觉集中 读倒写的成语接龙

训练内容参照第16日第四项。

要求 集中注意力读倒写的成语接龙,争取减少错误并逐渐加快速度。

记录 请家长帮助检测学生读成语的情况,并把读错的次数和所用时间写在下面的训练报告表中。

训练

人之外方——方四在志——志有各人——人在事谋——谋多智足——

足添蛇画——画书棋琴——琴弹牛对——对相锋针——针捞海大——

大正明光——光寸目鼠——鼠如小胆——胆张目明——明分罚赏——

赏行功论——论大篇长——长方日来——来活去死——死忘生舍——

舍三避退——退我进敌——敌无向所——所失离流——流血破头——

头回子浪——浪大风大——大失小因——因有出事——事公行例——

例为不下——下俱泪声——声同口异——异月新日——日见开云——

云亦云人——人服理以——以所乎忘——忘不齿没——没鬼出神——

神如兵用——用其尽物

30天注意力提升（第二阶）

训练报告表

第四项　视觉集中 **读倒写的成语接龙**	读错　　个	所用时间：　　分　　秒

 第五项　听觉记忆　　**听记数列**

训练内容参照第2日第五项。

要求　家长读数列（注意：此项数列由几个二位数组成），学生记住家长读的数列。听完一组数列后，将数列写在下面的训练报告表中，不能边听边记。

训练报告表

第五项　听觉记忆 **听记数列**	1题	
	2题	

第六项　视觉分辨　　**按数序在图中找到各数**

目的　通过训练，提高眼睛对数字的捕捉能力，以及对数字位置的记忆能力。

要求　在图1中按正数序1～30，图2中按倒数序30～1，依次找到各数字。注意：一定要按数字的数序去找，不能舍掉找不到的数字跳着找。也不能用笔画掉已经找到的数字。要用诚实的态度和持续的毅力进行练习。

记录　家长帮助监察学生练习的情况，将按数序寻找各数字所用的时间写在下面的训练报告表中。并比较两次的练习是否有进步。

目标　以两次所用时间一次比一次短为好。

训练

第20日训练

3	26	21	7	28	13
25	19	5	15	2	20
17	1	23	8	14	9
10	30	18	12	22	27
24	16	4	29	11	6

图1

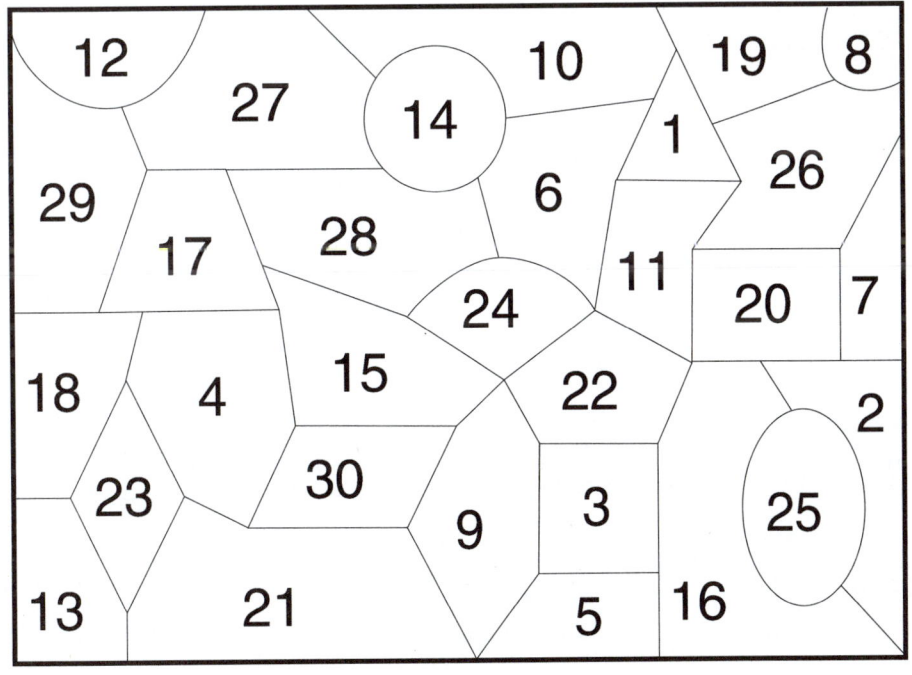

图2

训练报告表

第六项 视觉分辨 按数序在图中找到各数	正数序所用时间： 分	倒数序所用时间： 分

第 21 日

第一项　净心训练　　静坐（10分钟）

训练内容参照第1日第一项。

要求　学生端坐，两手放于膝盖；将装米的杯子置于头顶；腰背挺直，全身放松；闭目；均匀呼吸，并逐渐放慢。边数呼吸的次数，边听音乐。这样持续坐10分钟。

训练报告表

第一项　净心训练 静坐	所用时间：　　分	呼吸次数：　　次	掉杯子数：　　次

第二项　视觉追踪　　扫视曲线

目的　通过此项练习，随着眼睛跟着曲线上下左右的快速转动。进一步训练了眼周的睫状肌，促进了眼周的循环。并能够从纷乱缠绕的曲线中找到此线的运动方向，从而增强了视觉的分辨能力。

准备　从"教材·答案册"书后取出卡片19。

要求　头不转动，眼睛平视卡片19，距离图20厘米或再近一些。扫视时，眼睛从黑圈沿着黑线扫视到右面的黑点，然后再按原路折回到黑圈为一次。

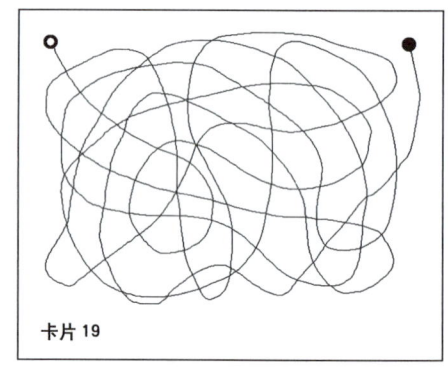
卡片19

注意　扫视的过程中，头不能转动，眼睛一定要看清楚黑线。

记录　把在三分钟时间里扫视折线的次数写到下面的训练报告表中。共扫视3次（3个三分钟），共记录3次。

目标　在规定时间内，以扫视的次数多为好。

训练报告表

第二项　视觉追踪 扫视曲线	第一次扫视的次数 次	第二次扫视的次数 次	第三次扫视的次数 次

第 21 日训练

第三项 听觉集中　数出几个指定数字的数目

训练内容参照第 1 日第三项。

要求　听家长读数列，数出指定的两位数字（"36"，"79"，"21"，"62"）各有几个，并将答案写在下面的训练报告表中。

训练报告表

第三项 听觉集中 数出几个指定数字的数目	36：　个	79：　个	21：　个	62：　个

第四项 视觉集中　读汉语拼音

训练内容参照第 19 日第六项。

要求　学生集中注意读汉语拼音。

记录　请家长帮助检测读拼音的情况，并把读错的次数和所用时间写在下面训练报告表中。

训练

我们大家做事情

1. shā sha cā zhuō zi　　　　sì si chī shì zi

2. zhù zhu zhá bāo zi　　　　sōng song zhuō chóng zi

3. zhuó zhuo cuō bí zi　　　　cǎo cao chǎo lì zi

4. zhī zhi sī zhǐ zhi　　　　sù su shuō gù shi

5. zhū zhu sòng xié zi　　　　sān san cǎi shù zǐ

6. zhōng zhong chī zòng zi　　　　sēn sen chuī dí zi

7. zhēn zhen zā biàn zi　　　　zé ze zhuī tù zi

30 天注意力提升（第二阶）

8. shān shan ná fǔ zi   zōng zong lā chē zi

9. zhé zhe zhàn yǐ zi   sī si zhāi táo zi

10. chūn chun bō suàn zǐ   cén cen yòng chā zi

11. zhàn zhan cuo shéng zi   càn can shǐ zhuī zi

12. chén chen xiě zì zi   cuì cui chàng gē zi

训练报告表

第四项　视觉集中 读汉语拼音	读错：　　　　个	所用时间：　　分　　秒

第五项　听觉分辨　找出两句话中不同的词组

训练内容参照第 3 日第五项。

要求　听家长读几题很相近的两句话，学生找出两句话中不同的三对词组，并将四组题中不同的三对词组写在下面的训练报告表中。

训练

训练报告表

第五项　听觉分辨 找出两句话中不同的词组	1 题
	2 题
	3 题
	4 题

第 21 日训练

第六项 视觉分辨　数相同图形的数目

训练内容参照第 6 日第四项。

要求　在下图中数出相同图形的数目，并将各种图形的数目写在图下面的空格中。

训练

训练报告表

第六项　视觉分辨 数相同图形的数目	全部完成所用时间：　　分　　秒	细心程度：
	全部完成共进行的次数：　　次	意志表现：

第 22 日

 第一项　净心训练　　静坐（10分钟）

训练内容参照第1日第一项。

要求　学生端坐，两手放于膝盖；将装米的杯子置于头顶；腰背挺直，全身放松；闭目；均匀呼吸，并逐渐放慢。边数呼吸的次数，边听音乐。这样持续坐10分钟。

训练报告表

第一项　净心训练 静坐	所用时间：　　分	呼吸次数：　　次	掉杯子数：　　次

 第二项　视觉追踪　　扫视曲线

训练内容参照第21日第二项。

准备　从"教材·答案册"书后取出卡片20。

要求　平视卡片20，在三分钟时间内，仅扫视黑圈1到黑点为一次，再由黑点返回黑圈1次为第二次。要求扫视中看清黑线。共扫视3个三分钟，允许记半圈。

记录　将三分钟内扫视的次数写在训练报告表中。

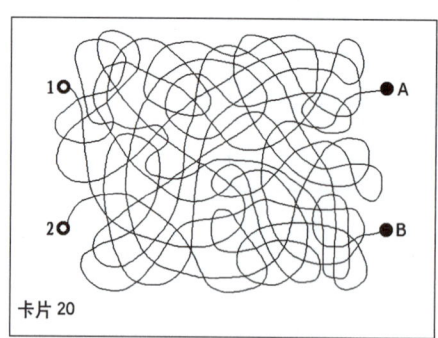

卡片20

训练报告表

第二项　视觉追踪 扫视曲线	第一次扫视的次数	第二次扫视的次数	第三次扫视的次数
	次	次	次

第 22 日训练

第三项 听觉集中　　数出几个指定汉字的数目

训练内容参照第 2 日第三项。

要求　听家长读故事《送给妹妹的鞋》，数出指定汉字（"小"，"一"，"妹"，"鞋"）各有几个，并回答"简答"提问。将答案写在下面的训练报告表中。

训练报告表

第三项 听觉集中 数出几个指定汉字的数目	小： 个	一： 个	妹： 个	鞋： 个
	简答　1 题		2 题	
	3 题		4 题	
	5 题		6 题	

第四项 视觉分辨　　找出几个与标准图相同的图

训练内容参照第 18 日第四项。

要求　在下图中寻找与上面标准图相同的图，并用笔在图上做出标记。

训练

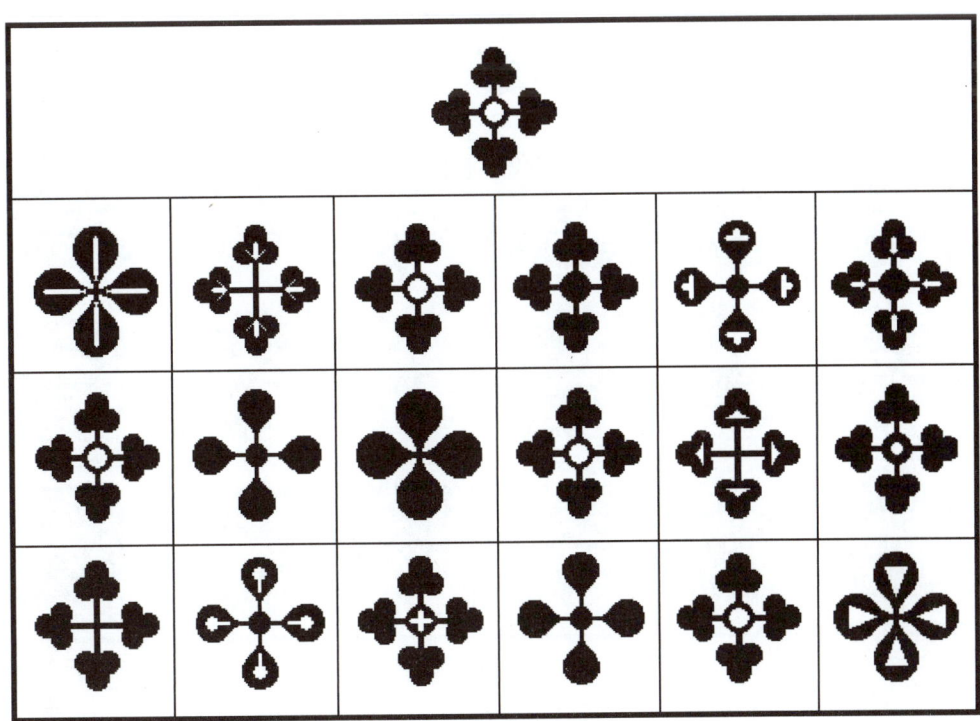

图 1

30天注意力提升（第二阶）

图 2

图 3

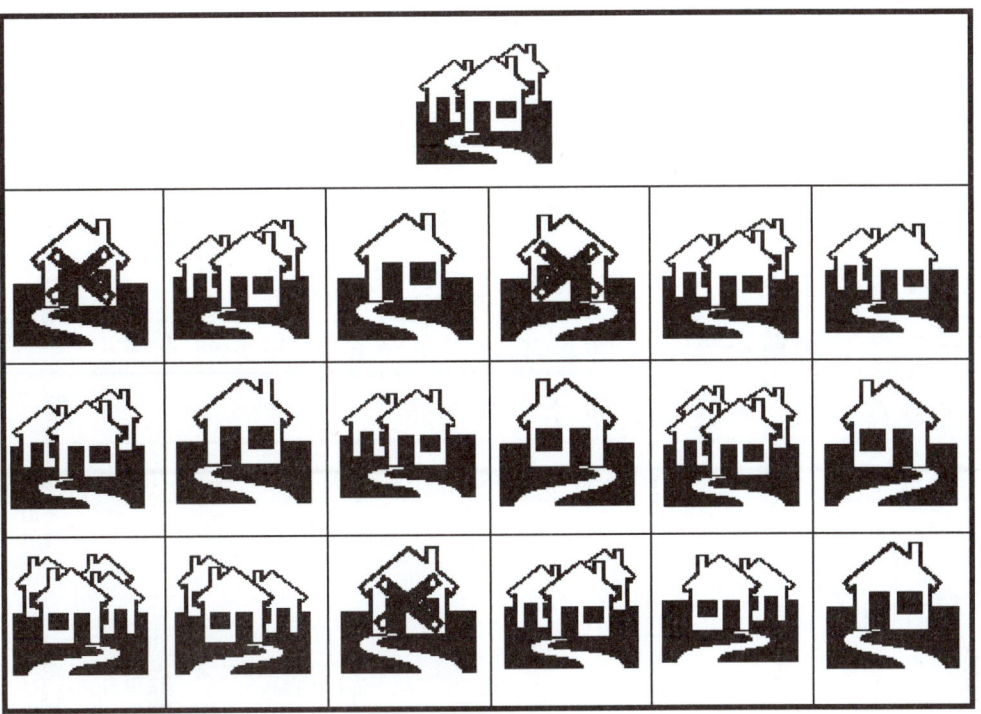

图 4

第五项 听觉集中   记录数列中按数序排列缺失的数字

训练内容参照第 4 日第五项。

要求 家长读一个数列，学生认真听，并将数列中按数序排列缺失的数字写在训练报告表中。

训练报告表

第五项 听觉集中 记录数列中按数序排列 缺失的数字	1题	2题
	3题	4题

第六项 视觉理解   句组段

训练内容参照第 18 日第六项。

要求 按照逻辑关系，将给出的几句话编成一篇通顺的小文章。在每句话后面

30 天注意力提升（第二阶）

的括号内填上你认为正确的顺序号，并将顺序号自上而下地填写在下面训练报告表中。

训练

1 题 ● 他回头看了看，见乌龟还远远落在后面，便在半山上睡起觉来。（　　）
　　 ● 一只小兔子要和乌龟赛跑，他们请猴子做裁判。（　　）
　　 ● 兔子醒了，向前一看，哎呀！不好，乌龟已经爬到终点了。（　　）
　　 ● 兔子跑得飞快，一眨眼就跑过了半山腰。（　　）
　　 ● 乌龟爬过来，看见兔子睡着了。虽然它很累，但还仍然不停地向前爬。
　　　　（　　）
　　 ● 赛跑开始了。（　　）

2 题 ● 乌鸦说："我看见猎狗跑过来了。"（　　）
　　 ● 狐狸走到树下，对乌鸦说："朋友，你好！"（　　）
　　 ● 乌鸦有礼貌地回答："你好！"（　　）
　　 ● 狐狸说："你看见了什么？"（　　）
　　 ● 乌鸦停在一棵树上，高兴地唱着歌。（　　）
　　 ● 狐狸装作没听见，说："我听不清，请你飞下来，咱们说说话。"（　　）
　　 ● 狐狸一听到猎狗，就赶快逃跑了。（　　）
　　 ● 乌鸦看了看远处，害怕地说："我不敢飞下来。"（　　）

3 题 ● 仙鹤的嘴又尖又长，怎么也啄不起来。（　　）
　　 ● 狐狸的嘴又短又粗，吃呀吃呀，怎么也吃不着。（　　）
　　 ● 第二天仙鹤请狐狸去做客，把肉装在瓶子里请狐狸吃。（　　）
　　 ● 狐狸请仙鹤到家里做客，把肉汤装在盘子里请仙鹤吃。（　　）
　　 ● 仙鹤用瓶子装好肉，狐狸用盘子装好肉，两个人都快乐地吃起饭来。
　　　　（　　）

- 从此以后，狐狸也这样请仙鹤吃饭。　　　　　　（　　）
- 第三天，仙鹤又做了肉汤，告诉狐狸带着盘子来吃饭。（　　）
- 仙鹤和狐狸成了好朋友。　　　　　　　　　　　（　　）

训练报告表

第六项　视觉理解 **句组段**	1题
	2题
	3题

第 23 日

第一项　净心训练　　静坐（10分钟）

训练内容参照第1日第一项。

要求　学生端坐，两手放于膝盖；将装米的杯子置于头顶；腰背挺直，全身放松；闭目；均匀呼吸，并逐渐放慢。边数呼吸的次数，边听音乐。这样持续坐10分钟。

训练报告表

第一项　净心训练 静坐	所用时间： 分	呼吸次数： 次	掉杯子数： 次

第二项　视觉追踪　　扫视曲线

训练内容参照第21日第二项。

准备　从"教材·答案册"书后取出卡片20。

要求　平视卡片20，在三分钟时间内，仅扫视黑圈2到黑点为一次，再由黑点返回到黑圈2为第二次。要求扫视中看清黑线。共扫视3个三分钟，允许记半圈。

记录　将扫视的次数写在训练报告表中。

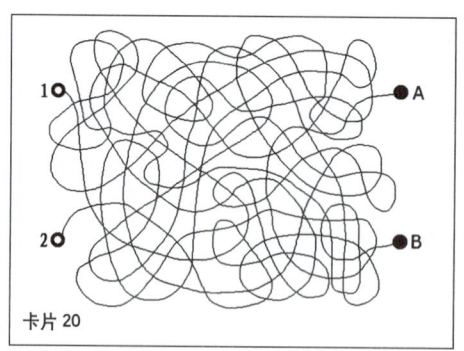

训练报告表

第二项　视觉追踪 扫视曲线	第一次扫视的次数	第二次扫视的次数	第三次扫视的次数
	次	次	次

第 23 日训练

第三项 听觉集中　数出几个指定数字的数目

训练内容参照第 1 日第三项。

要求　听家长读数列，数出指定的两位数字（"57"，"35"，"14"，"26"）各有几个，并将答案写在下面的训练报告表中。

训练报告表

第三项 听觉集中 数出几个指定数字的数目	57：　　个	35：　　个	14：　　个	26：　　个

第四项 视觉分辨　数相同图形的数目

训练内容参照第 6 日第四项。

要求　在下图中数出相同图形的数目，并将各种图形的数目写在图下面的空格中。

训练

30天注意力提升（第二阶）

训练报告表

第四项　视觉分辨　数相同图形的数目	全部完成所用时间：　　分　　秒	细心程度：
	全部完成共进行的次数：　　次	意志表现：

第五项　听觉分辨　　找出三句话中相同的词组

训练内容参照第5日第五项。

要求　听家长读几题中三句不同内容的话，学生找出三句话中相同的三个词组。

训练报告表

第五项　听觉分辨 找出三句话中相同的 词组	1题
	2题
	3题

第六项　视觉转移　　填写缺失的数字

目的　通过练习，不仅提高学生的视觉集中能力，也提高了视觉转移能力。

要求　对照表1，在表2中把缺失的数字填写出来。

记录　家长帮助监察学生的练习情况，把填错的个数和全部填写完所用的时间都写到下面的训练报告表中。

目标　以填错的数字越少越好，所用时间越短越好。

训练

第23日训练

4428810975665933446128475
6482337867831652712019091
4564856692346034861045432
6648213936072602491412 73
7245870060631558817488 15
2092062829540917153643 6
7892590360011330530548820
4665213941469519415116094

表1

4	288	097	665	334	612	475
648	337	678	165	712	190	1
564	566	234	034	610	543	
66	821	393	072	024	141	73
7	458	006	063	558	174	815
209	096	829	540	171	364	6
892	903	001	330	305	882	
46	521	941	685	941	116	94

表2

训练报告表

第六项 视觉转移 填写缺失的数字	填错　　个	填完所用时间　　分　　秒

第 24 日

第一项 净心训练　静坐（10分钟）

训练内容参照第1日第一项。

要求 学生端坐，两手放于膝盖；将装米的杯子置于头顶；腰背挺直，全身放松；闭目；均匀呼吸，并逐渐放慢。边数呼吸的次数，边听音乐。这样持续坐10分钟。

训练报告表

第一项 净心训练 静坐	所用时间： 分钟	呼吸次数： 次	掉杯子数： 次

第二项 视觉追踪　扫视曲线

训练内容参照第21日第二项。

准备 从"教材·答案册"书后取出卡片21。

要求 在三分钟时间内，仅扫视黑圈1到黑点为一次，再由黑点返回黑圈1为第二次。要求扫视中看清黑线。共扫视3个三分钟，允许记半圈。

记录 将扫视的次数记在训练报告表中。

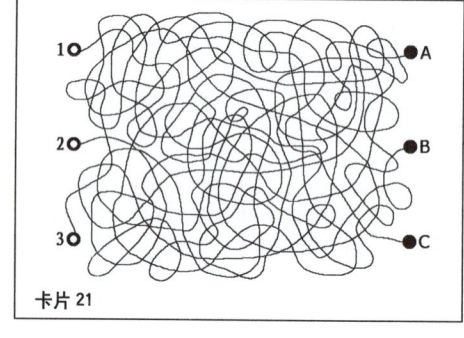
卡片21

训练报告表

第二项 视觉追踪 扫视曲线	第一次扫视的次数	第二次扫视的次数	第三次扫视的次数
	次	次	次

第三项 听觉集中　数出几个指定汉字的数目

训练内容参照第2日第三项。

要求 听家长读故事《渡河》，数出指定汉字（"人"，"他"，"河"，"来"）

第 24 日训练

各有几个,并回答"简答"提问。将答案写在下面的训练报告表中。

训练报告表

第三项 听觉集中 数出几个指定汉字的数目	人: 个		他: 个	河: 个	来: 个
	简答 1 题:			2 题:	
	3 题:			4 题:	
	5 题:				

第四项 视觉分辨 — 找出数序表中缺失的数字

训练内容参照第 2 日第三项。

要求 表 1 按正数序 1～50,表 2 按倒数序 50～1 寻找数序表中缺失的数字,并把缺数写在表下面的空格中。

49	2	23	39	9	30	17
14	38	11	4	44	24	32
50	41	33	22	48	7	5
29	6	16	37	42	12	40
19	46	10	35	1	21	34
8	28	47	31	3	15	27

图 1

44	25	7	17	30	45	3
28	37	13	34	43	4	50
10	35	24	48	20	18	29
36	26	16	5	42	12	38
15	27	11	33	22	9	19
31	21	14	46	1	40	47

图 2

训练报告表

第四项　视觉分辨 找出数序表中缺失的数字	完成表 1 所需时间	分	秒
	完成表 2 所需时间	分	秒

第五项　听觉转移　按词组的分类画符号

训练内容参照第 7 日第五项。

要求　听家长按顺序读 40 个词组,当听到词组属于"鸟类"类时,在相应的格子内数字"1";词组属于"昆虫"类时,在相应的格子内写数字"2"。

第 24 日训练

1	2	3	4	5	6	7	8	9	10
11	12	13	14	15	16	17	18	19	20
21	22	23	24	25	26	27	28	29	30
31	32	33	34	35	36	37	38	39	40

训练报告表

第五项　听觉转移 **按词组的分类画符号**	画错：　　　　　　个

第六项　视觉转移　　填写缺失的汉字

训练内容参照第 23 日第六项。

要求　对照表 1，把表 2 中缺失的汉字和标点符号填上。

训练

训练报告表

第六项　视觉转移 **填写缺失的汉字**	填错　　　个	填完全部所用时间　　分　秒

　　孔子的学生曾参（曾子）十分孝顺母亲，母亲也十分疼爱儿子。有一天曾子上山打柴，恰好有几位朋友来做客。曾子的母亲因为没有好吃的招待客人而着急，很想叫儿子回来想办法。焦急中，她想："十指连心，我咬疼手指，儿子是不是能够知道呢？"便痛咬手指。说也奇怪，很快曾子便满头大汗地跑了回来。原来，曾子在山里突然感到心跳并且疼痛，他立即警觉到是家里出了意外的事情。多年之后，曾子跟随孔子出外游学。一次在途中，也是感到心痛，便披星戴月赶回家乡。果然是母亲多年未见儿子，因思念他而咬痛手指。

　　孔子说："曾参的孝心可以和万里外的母亲相通。"

表1

　　孔子的　生曾参（　子）十分　顺　亲，　亲也十分疼爱儿子。　一天曾　上山打　，恰好有　位　友来做　。曾子　母亲因　没有好　的招待　人而着急，很　叫儿子　来想办　。焦急　，她　："十指　心，　咬疼手　儿子　不是能　知道　？"便　咬手指。说也奇怪，很快　子便满头大汗　跑了回　原来　曾子在　里突然　到心　并且疼　他立　警觉到　家里出　意外的　情　多年之后　曾子跟　孔子出　游学。一次　途中　是感到　痛，便披　戴月赶回家乡。　然是　亲多年　见儿子　思念他　咬痛　指。

　　孔子说："曾　的孝心　以和万　外的母　相通。"

表2

第 25 日

第一项　净心训练　　静坐（10 分钟）

训练内容参照第 1 日第一项。

要求　学生端坐，两手放于膝盖；将装米的杯子置于头顶；腰背挺直，全身放松；闭目；均匀呼吸，并逐渐放慢。边数呼吸的次数，边听音乐。这样持续坐 10 分钟。

训练报告表

第一项　净心训练 静坐	所用时间：　　分	呼吸次数：　　次	掉杯子数：　　次

第二项　视觉追踪　　扫视曲线

训练内容参照第 21 日第二项。

准备　从"教材·答案册"书后取出卡片 21。

要求　在三分钟时间内，仅扫视黑圈 2 到黑点为一次，再由黑点返回黑圈 2 为第二次。要求扫视中看清黑线。共扫视 3 个三分钟，允许记半圈。

记录　将扫视的次数记在训练报告表中。

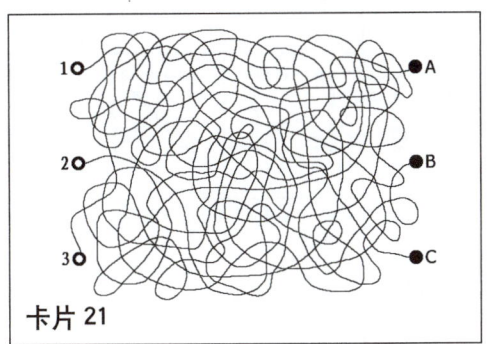

卡片 21

训练报告表

第二项　视觉追踪 扫视曲线	第一次扫视的次数	第二次扫视的次数	第三次扫视的次数
	次	次	次

30天注意力提升（第二阶）

第三项　听觉集中　数出几个指定数字的数目

训练内容参照第1日第三项。

要求　听家长读数列，数出指定的两位数字（"19"，"12"，"56"，"87"）各有几个，并将答案写在下面的训练报告表中。

训练报告表

第三项　听觉集中 数出几个指定数字的数目	19：　　个	12：　　个	56：　　个	87：　　个

第四项　视觉分辨　数相同图形的数目

训练内容参照第6日第四项。

要求　在下图中数出相同图形的数目，并将各种图形的数目写在图下面的空格中。

训练

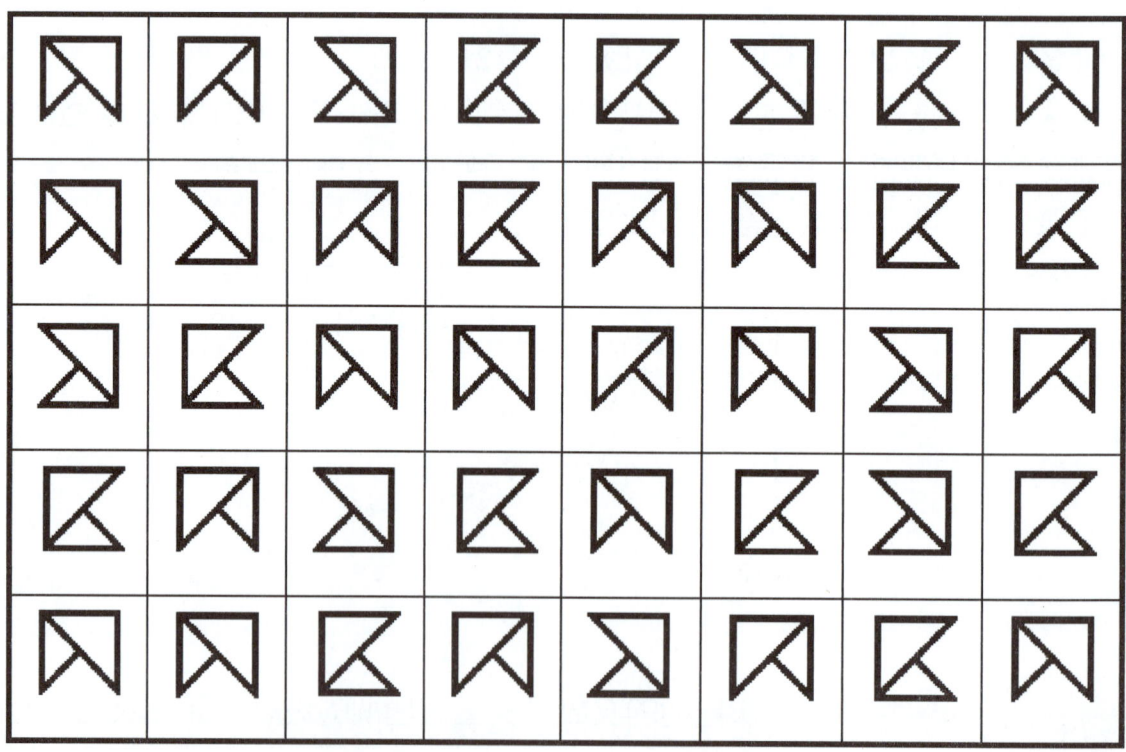

第 25 日训练

训练报告表

第四项　视觉分辨 数相同图形的数目	全部完成所用时间：　　分　　秒	细心程度：
	全部完成共进行的次数：　　次	意志表现：

第五项　听觉分辨　　找出两句话中不同的词组

训练内容参照第 3 日第五项。

要求　听家长读几题很相近的两句话，学生找出两句话中不同的三对词组，并将四题中不同的三对词组写在下面的训练报告表中。

训练

训练报告表

第五项　听觉分辨 找出两句话中不同的词组	1 题：
	2 题：
	3 题：
	4 题：

第六项　视觉转移　　填写缺失的汉语拼音

训练内容参照第 23 日第六项。

要求　对照表 1，把表 2 中缺失的汉语拼音字母、声调号、标点符号填上。

训练

表1

```
rén zhī chū, xìng běn shàn。xìng xiāng jìn, xí xiāng yuǎn。gǒu bú jiào, xìng nǎi qiān。jiào zhī dào, guī yí zhuān。xī mèng mǔ, zé lín chǔ。zǐ bù xué, duàn jī shū。dòu yàn shān, yǒu yì fāng。jiào wǔ zǐ, míng jù yáng。yǎng bú jiào, fù zhī guò。jiào bù yán, shī zhī duò。zǐ bù xué, fēi suǒ yí。yòu bù xué, lǎo hé wéi。yù bù zhuó, bù chéng qì。rén bù xué, bù zhī yì。wéi rén zǐ, fāng sháo shí。qīn shī yǒu, xí lǐ yí。
```

表2

```
rén zhī ch ,xìng b n shàn。xìn  xiāng jìn, í xiāng yu n。gǒu bú jiào,x ng nǎi qiān。j ào zhī dào,gu yí zh ān。xī mèng mǔ,zé l n chǔ。zǐ bù x é,duà  jī shū。 òu yàn shān,yǒu yì f ng。jiào w  zǐ,míng jù yán 。yǎng bú j ào,fù zhī g ò。jià  bù yán,shī z ī duò。zǐ bù x é,fēi suǒ yí。y u bù xué,l o hé wéi。yù bù zhuó,bù chén  qì。rén bù xué,b  zhī yì。w i rén zǐ,f ng sháo sh 。qīn shī yǒu,xí l  yí。
```

训练报告表

第六项　视觉转移 填写缺失的汉语拼音	填错　　　个	填完全部所用时间　　分　　秒

第 26 日训练

第 26 日

第一项　净心训练　静坐（10分钟）

训练内容参照第 1 日第一项。

要求　学生端坐，两手放于膝盖；将装米的杯子置于头顶；腰背挺直，全身放松；闭目；均匀呼吸，并逐渐放慢。边数呼吸的次数，边听音乐。这样持续坐 10 分钟。

训练报告表

第一项　净心训练 静坐	所用时间：　　　分	呼吸次数：　　　次	掉杯子数：　　　次

第二项　视觉追踪　扫视曲线

训练内容参照第 21 日第二项。

准备　从"教材·答案册"书后取出卡片 21。

要求　在三分钟时间内，仅扫视黑圈 3 到黑点为一次，再由黑点返回黑圈 3 为第二次。要求扫视中看清黑线。共扫视 3 个三分钟，允许记半圈。

记录　将扫视的次数记在训练报告表中。

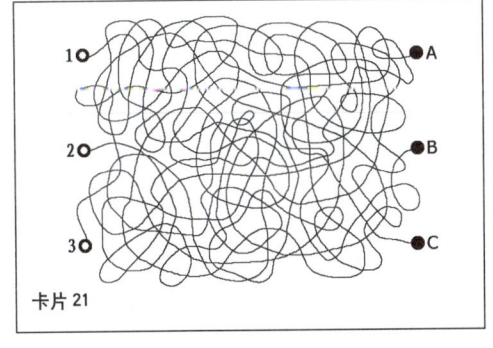

训练报告表

第二项　视觉追踪 扫视曲线	第一次扫视的次数	第二次扫视的次数	第三次扫视的次数
	次	次	次

第三项　听觉集中　数出几个指定汉字的数目

训练内容参照第 2 日第三项。

119

30 天注意力提升（第二阶）

要求 听家长读故事《赏罚分明》，数出指定汉字（"两"，"失"，"银"，"人"）各有几个，并回答"简答"提问。将答案写在下面的训练报告表中。

训练报告表

第三项　听觉集中 数出几个指定汉字的数目	两:　　个	失:　　个	银:　　个	人:　　个
	简答 1题		2题	
	3题		4题	
	5题		6题	

 **第四项　视觉分辨**　找出数序表中缺失的数字

训练内容参照第5日第四项。

要求 表1按正数序1～50，表2按倒数序50～1寻找数序表中缺失的数字，并把缺数写在表下面的空格中。

训练

12	38	45	3	22	48
26	6	8	35	44	9
30	39	41	13	1	50
29	37	17	43	16	11
7	15	14	36	31	10
19	24	49	18	46	28
33	23	5	25	42	20

图1

第 26 日训练

50	4	11	27	32	47
21	34	40	9	39	19
37	28	12	44	22	46
25	26	38	42	3	17
13	33	23	14	36	41
2	43	18	31	30	20
15	24	45	6	49	8

图 2

训练报告表

第四项　视觉分辨	完成表 1 所需时间　　分　　秒
找出数序表中缺失的数字	完成表 2 所需时间　　分　　秒

 **第五项　听觉分辨**　　找出三句话中相同的词组

训练内容参照第 5 日第五项。

要求　听家长读几题中三句不同内容的话,学生找出三句话中相同的三个词组。

121

30天注意力提升（第二阶）

训练报告表

第五项　听觉分辨	1题
找出三句话中相同的词组	2题
	3题

第六项　视觉集中　读倒写的故事

训练内容参照第9日第四项。

要求　集中注意力读倒写的故事，争取减少错误并逐渐加快速度。

训练

国王与三个儿子

。个一的中子儿个三给传位王将就后久不定决他，王国的老年一有，前以久很

"。位王的我承继能才，人的情事尚高过做正真个那有只。情事的尚高最的过做所内年一这在们你，我诉告来回，后年一。年一历游去面外到要都个三们你但，个一的中弟兄三们你给传位王把定决，了老我"：说前跟到叫子儿个三把王国

。获收的面外在来年一这已自王国诉告，前跟王国了到回子儿个三，后年一

"。子儿的他了给交地动不封原币金把就，时上镇个那到历游我当。子儿的上镇个一另在住他给交币金袋一的他把我托，我任信分十他，人生陌个一到遇经曾，间期历游在我"：说先子儿大

"。情事的尚高是上得称能不，德品的有应人做你是实诚但，对很得

第 26 日训练

做你"：说王国

"。产财的们他了住保，盗强了走赶们民村帮去上冲我，劫打盗强伙一到碰好刚，庄村个一到行旅我"：说着接子儿二

"。情事的尚高是上不称还，任责的你是人救但，好很得做你"：说王国

"。事大么什了做是得不算在实这……这'恨仇的我了解化爱仁的你。先在我救你是'说他？命的我救要么什为他问我。命的虎老了果结刀一，来过赶面后从人仇的我，时望绝我当正。我向扑，来出窜里林树的边旁然突虎老只一，时河条一过备准马下我当，来后。路赶续继他告劝并，险危很里这在睡他诉告，他了醒叫是而，做样这有没我但。死而崖悬下掉会就他，推一地轻轻要只我。下树大棵一在睡正人仇的我现发，边崖悬在走马骑自独我，晚夜个一有，时行旅在我当。里手的他在死些险都，次几好有。我害陷想地计百方千他。人仇个一有我"：说地疑迟子儿三

"。你给传位王把就我，起天今从。事的尚高件一了做你！子孩，来"，说地肃严王国"。事的圣神而尚高件一是，人仇的己自助帮能，子孩，不"

训练报告表

第六项　视觉集中 **读倒写的故事**	读错次数　　　次	所用时间：　分　秒

第 27 日

第一项　净心训练　　静坐（10分钟）

训练内容参照第1日第一项。

要求　学生端坐，两手放于膝盖；将装米的杯子置于头顶；腰背挺直，全身放松；闭目；均匀呼吸，并逐渐放慢。边数呼吸的次数，边听音乐。这样持续坐10分钟。

训练报告表

第一项　净心训练 静坐	所用时间： 分	呼吸次数： 次	掉杯子数： 次

第二项　视觉追踪　　扫视曲线

训练内容参照第21日第二项。

准备　从"教材·答案册"书后取出卡片22。

要求　在三分钟时间内，仅扫视黑圈1到黑点为一次，再由黑点返回黑圈1为第二次。要求扫视中看清黑线。共扫视3个三分钟，允许记半圈。

记录　将扫视的次数记在训练报告表中。

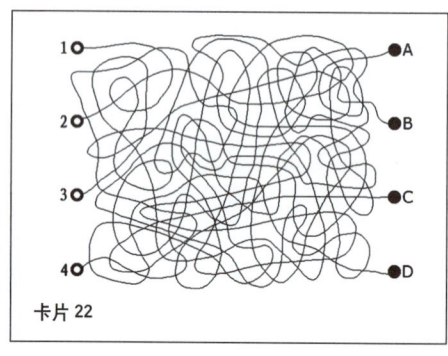

卡片22

训练报告表

第二项　视觉追踪 扫视曲线	第一次扫视的次数	第二次扫视的次数	第三次扫视的次数
	次	次	次

第三项　听觉集中　　数出几个指定数字的数目

训练内容参照第1日第三项。

要求　听家长读数列，数出指定的两位数字（"45"，"71"，"83"，"69"）

第 27 日训练

各有几个,并将答案写在下面的训练报告表中。

训练报告表

第三项　听觉集中 数出几个指定数字的数目	45： 个	71： 个	83： 个	69： 个

第四项　视觉分辨　数相同图形的数目

训练内容参照第 6 日第四项。

要求　在下图中数出相同图形的数目,并将各种图形的数目写在图下面的空格中。

训练

30天注意力提升（第二阶）

训练报告表

第四项 视觉分辨 数相同图形的数目	全部完成所用时间： 分 秒	细心程度：
	全部完成共进行的次数： 次	意志表现：

第五项 听觉转移　　按词组的分类画符号

训练内容参照第 7 日第五项。

要求　听家长按顺序读 40 个词组，当听到词组属于"野生动物"时，在相应的格子内写数字"1"；词组属于"家养动物"类时，在相应的格子内写数字"2"。

1	2	3	4	5	6	7	8	9	10
11	12	13	14	15	16	17	18	19	20
21	22	23	24	25	26	27	28	29	30
31	32	33	34	35	36	37	38	39	40

训练报告表

第五项 听觉转移 按词组的分类画符号	画错　　　　个

第六项 视觉转移　　填写缺失的数字

训练内容参照第 23 日第六项。

要求　对照表 1 的数字，将表 2 中缺失的数字填上。

训练

第27日训练

表1

```
3305727036575959195309218
6117381932611793105118548
0744623799627495673518857
5272489127938183011194912
9833673362440656643086021
3949463952247371907021798
6094370277053921717629317
6752384748184676694405132
```

表2

33	572	03	575	59	953	92	8
	117	81	326	17	310	11	548
07	462	79	627	95	735	88	7
	272	89	227	38	830	19	912
98	367	36	440	56	430	60	1
	949	63	522	73	190	02	798
	60	437	27	053	21	176	93	7
	752	84	748	84	766	40	132

训练报告表

第六项 视觉转移 填写缺失的数字	填错 个	填完全部所用时间 分 秒

第 28 日

第一项　净心训练　　静坐（10分钟）

训练内容参照第1日第一项。

要求　学生端坐，两手放于膝盖；将装米的杯子置于头顶；腰背挺直，全身放松；闭目；均匀呼吸，并逐渐放慢。边数呼吸的次数，边听音乐。这样持续坐10分钟。

训练报告表

第一项　净心训练　静坐	所用时间：	分	呼吸次数：	次	掉杯子数：	次

第二项　视觉追踪　　扫视曲线

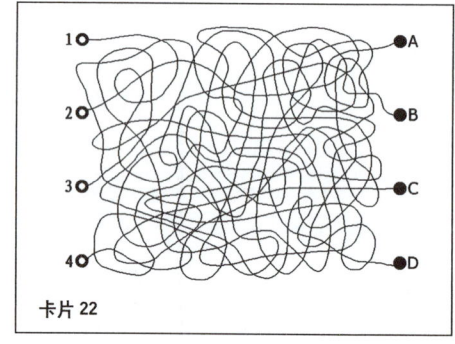
卡片22

训练内容参照第21日第二项。

准备　从"教材·答案册"书后取出卡片22。

要求　在三分钟时间内，仅扫视黑圈2到黑点为一次，再由黑点返回黑圈2为第二次。要求扫视中看清黑线。共扫视3个三分钟，允许记半圈。

记录　将扫视的次数记在训练报告表中。

训练报告表

第二项　视觉追踪　扫视曲线	第一次扫视的次数	第二次扫视的次数	第三次扫视的次数
	次	次	次

第三项　听觉集中　　数出几个指定汉字的数目

训练内容参照第2日第三项。

第 28 日训练

要求 听家长读故事《小羊和骆驼》,数出指定汉字("草","小","水","的")各有几个,并回答"简答"提问。将答案写在下面的训练报告表中。

训练报告表

第三项 听觉集中 数出几个指定汉字的数目	草:　　个	小:　　个	水:　　个	的:　　个
	简答 1题		2题	
	3题		4题	
	5题			

第四项 视觉分辨　按数序在图中找到各数

训练内容参照第 20 日第四项。

要求 按正数序 1~40 和倒数序 40~1,分两次在表中依次找到各数字。

训练

24	33	3	26	37	19	25	10
6	11	35	15	22	4	29	39
27	18	28	30	1	16	31	8
12	2	21	13	40	23	9	38
32	14	36	7	34	5	20	17

图 1

30天注意力提升（第二阶）

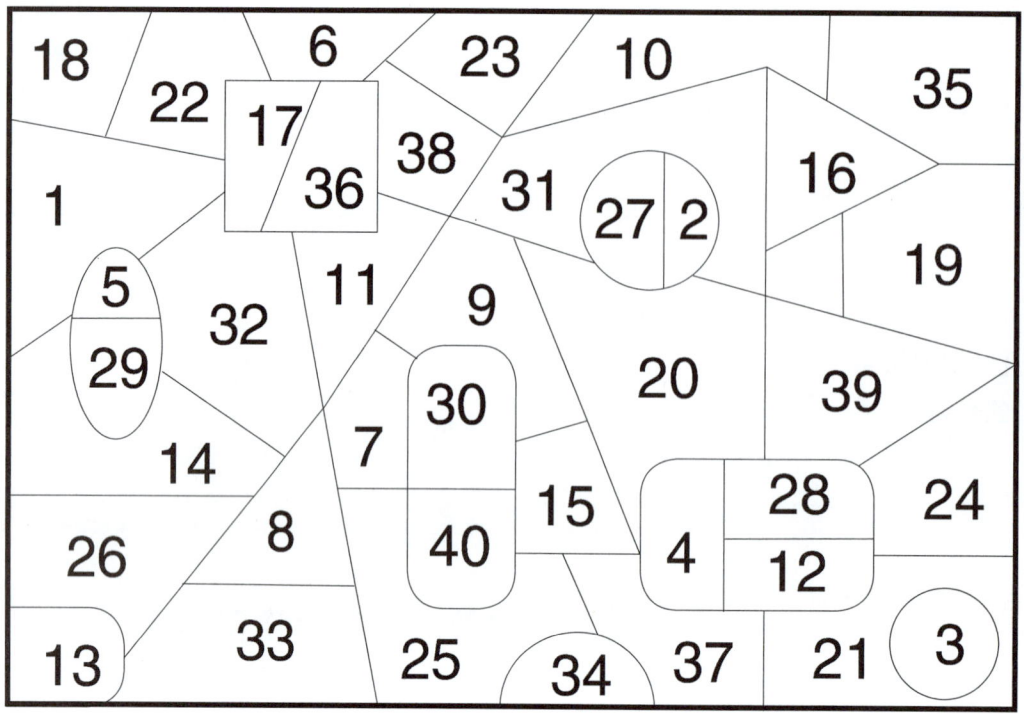

图2

训练报告表

第四项　视觉分辨 按数序在图中找到 各数	正数序所用时间：　　　　分	倒数序所用时间：　　　　分

第五项　听觉分辨　　找出两句话中不同的词组

训练内容参照第3日第五项。

要求　听家长读几题很相近的两句话，学生找出两句话中不同的三对词组，并将四组题中不同的三对词组写在下面的训练报告表中。

训练

训练报告表

第五项　听觉分辨 找出两句话中不同的 词组	1题：
	2题：
	3题：
	4题：

第28日训练

第六项　视觉转移　　填写缺失的汉字

训练内容参照第23日第六项。

要求　对照表1的汉字，将表2中缺失的汉字和标点符号填上。

训练

表1

孔子的学生闵子骞在很小的时候，母亲就去世了。不久父亲又娶了继母。在开始时，继母对子骞还可以，但是当她生了自己的儿子后，子骞就经常吃不饱，而且常为一点小事挨打受骂。父亲常年在外，子骞不愿他为自己担忧，所以从来不对父亲说继母的事。一年冬天，子骞三兄弟都穿着继母新做的棉衣随同父亲乘车出去。一路上，子骞不断地发抖，驾车也用不上力，父亲很奇怪。正巧，车上的钩子钩破了子骞的棉衣，露出了芦花。父亲撕开另外两个儿子的棉衣，却是厚厚的丝棉。父亲大怒，要赶继母回去。这时，子骞跪下对父亲说："留下母亲吧！母亲在，只有我一人受苦，如果她走了，我们三兄弟就都要受苦了。"父亲感动于子骞的孝顺和懂事，留下了继母。继母也彻底转变了。

表2

孔子的　生闵子　在很小　时候，母　就去世　不久父亲　娶了继　。在开始　继母对　骞还可　但是当她生了　己的儿　后，子骞就　常吃不　而且常　一点　事挨打　骂。父　常年在　子骞　愿他为　己担忧，所以　来不对　亲说继母的事。　年冬天　子骞三　弟都穿着继　新做的　衣随同　亲乘车　去。一　上，子　不　地发抖　车也用　上力，父　很奇怪　巧，车　的钩子钩　了子骞　棉衣，露　了芦花。　亲撕开　外两个　子的棉　却是厚　的丝棉　亲大怒　赶继母　去。这　子骞跪　对父亲　："留下母　吧！母　在，只　我一人受　如果她　了，我们　兄弟就　要受　了。"父　感动于子　的孝顺　懂事，留　了继　母。　母也彻　转变了。

训练报告表

第六项　视觉转移 **填写缺失的汉字**	填错　　　　个	填完全部所用时间　　分　　秒

131

第 29 日

第一项　净心训练　　静坐（10分钟）

训练内容参照第1日第一项。

要求　学生端坐，两手放于膝盖；将装米的杯子置于头顶；腰背挺直，全身放松；闭目；均匀呼吸，并逐渐放慢。边数呼吸的次数，边听音乐。这样持续坐10分钟。

训练报告表

第一项　净心训练 静坐	所用时间：　　分	呼吸次数：　　次	掉杯子数：　　次

第二项　视觉追踪　　扫视曲线

训练内容参照第21日第二项。

准备　从"教材·答案册"书后取出卡片22。

要求　在三分钟时间内，仅扫视黑圈3到黑点为一次，再由黑点返回黑圈3为第二次。要求扫视中看清黑线。共扫视3个三分钟，允许记半圈。

记录：将扫视的次数记在训练报告表中。

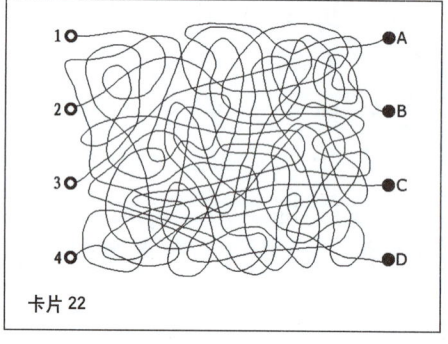
卡片22

训练报告表

第二项　视觉追踪 扫视曲线	第一次扫视的次数	第二次扫视的次数	第三次扫视的次数
	次	次	次

第三项　听觉集中　　数出几个指定数字的数目

训练内容参照第1日第三项。

要求　听家长读数列，数出指定的两位数字（"87"，"56"，"90"，"13"）

第 29 日训练

各有几个,并将答案写在下面的训练报告表中。

训练报告表

第三项　听觉集中 数出几个指定数字的数目	87:　　个	56:　　个	90:　　个	13:　　个

第四项　视觉分辨　　数相同图形的数目

训练内容参照第 6 日第四项。

要求　在下图中数出相同图形的数目,并将各种图形的数目写在图下面的空格中。

训练

Ǝ	月	日	目	E	Ǝ	月	E	日
目	目	Ǝ	日	日	Ǝ	E	E	日
月	日	Ǝ	月	目	月	Ǝ	目	目
E	Ǝ	Ǝ	月	月	目	Ǝ	E
E	月	目	日	Ǝ	目	E	Ǝ
Ǝ	目	E	月	目	Ǝ	日	Ǝ	月

Ǝ	月	日	目	E

133

训练报告表

第四项 视觉分辨 **数相同图形的数目**	全部完成所用时间： 分 秒	细心程度：
	全部完成共进行的次数： 次	意志表现：

第五项 听觉分辨　　找出三句话中相同的词组

训练内容参照第 5 日第五项。

要求　听家长读几题中三句不同内容的话，学生找出三句话中相同的三个词组。

训练报告表

第五项 听觉分辨 **找出三句话中相同** **的词组**	1 题
	2 题
	3 题

第六项 视觉转移　　填写缺失的汉语拼音

训练内容参照第 23 日第六项。

要求　对照表 1，将表 2 中缺失的汉语拼音字母、声调号、标点符号填上。

训练报告表

第六项 视觉转移 **填写缺失的汉语** **拼音**	填写缺失的汉语拼音（填错　　　个）

第 29 日训练

训练

| xiāng jǐu líng,néng wēn xí。xiào yú qīn,suǒ dāng zhí。róng sì suì,néng ràng lí。dì yú zhǎng,yí xiān zhī。shǒu xiào tì,cì jiàn wén。zhī mǒu shù,shí mǒu wén。yī ér shí,shí ér bǎi。bǎi ér qiān,qiān ér wàn。sān cái zhě,tiān rén dì。sān guāng zhě,rì yuè xīng。sān gāng zhě,jūn chén yì。fù zǐ qīn,fū fù shùn。yuē chūn xià,yuē qīn dōng。cǐ sì shí,yùn bù qióng。yuē nán běi,yuē xī dōng。cǐ sì fāng,yìng hū zhōng。yuē shuǐ huǒ,mù jīn tǔ,cǐ wǔ xíng。 |

表1

| xiān jǔu lí g,néng ēn xí。x ào yú qīn,suǒ d ng zhí。óng sì uì,nén ràng l。dì y zhǎng, í xiān hī。shǒ xiào t,cì iàn wé。zhī mǒ shù,sh mǒu wé。yī é shí,sh ér bǎi。ǎi ér q ān,qiā ér wàn。ān cái hě,tiā rén dì。ān guā g zhě,r yuè xī g。sān g ng zhě, ūn chén yì。fù z qīn,fū ù shùn。 uē chū xià,yu qīn dō g。cǐ sì shí,yùn ù qión yuē ná běi,yu xī dōn cǐ sì f ng,yìn hū zhō g。yuē s uǐ huǒ, ù jīn t ,cǐ wǔ x ng。 |

表2

30天注意力提升（第二阶）

第 30 日

 第一项　净心训练　　静坐（10分钟）

训练内容参照第1日第一项。

要求　学生端坐，两手放于膝盖；将装米的杯子置于头顶；腰背挺直，全身放松；闭目；均匀呼吸，并逐渐放慢。边数呼吸的次数，边听音乐。这样持续坐10分钟。

训练报告表

第一项　净心训练 静坐	所用时间：　　分	呼吸次数：　　次	掉杯子数：　　次

第二项　视觉追踪　　扫视曲线

训练内容参照第21日第二项。

准备　从"教材·答案册"书后取出卡片22。

要求　在三分钟时间内，仅扫视黑圈4到黑点为一次，再由黑点返回黑圈4为二次。要求扫视中看清黑线。共扫视3个三分钟，允许记半圈。

记录　将扫视的次数记在训练报告表中。

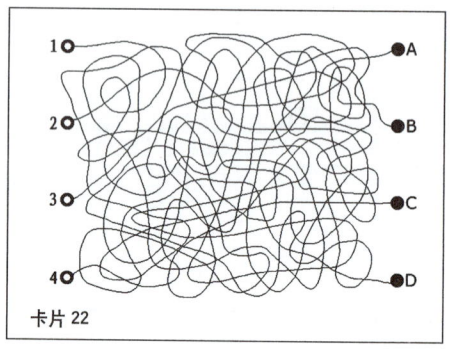

卡片22

训练报告表

第二项　视觉追踪 扫视曲线	第一次扫视的次数	第二次扫视的次数	第三次扫视的次数
	次	次	次

第三项　听觉集中　　**数出几个指定汉字的数目**

训练内容参照第2日第三项。

第 30 日训练

要求 听家长读故事《不会说谎的王子》，数出指定汉字（"王"，"像"，"主"，"说"）各有几个，并回答"简答"提问。将答案写在下面的训练报告表中。

训练报告表

第三项 听觉集中 数出几个指定汉字的数目	王：　　个	像：　　个	主：　　个	说：　　个
	简答　1 题		2 题	
	3 题		4 题	
	5 题			

第四项　视觉分辨　按数序在图中找到各数

训练内容参照第 20 日第四项。

要求 图 1 按正数序 1～48，图 2 倒数序 50～1，分两次在表中依次找到各数字。

训练

18	31	26	42	17	45	30	8
24	5	32	2	40	19	38	22
37	21	15	48	36	41	4	27
11	25	6	34	9	7	29	12
47	39	46	3	13	16	33	35
1	14	20	10	28	23	44	43

图 1

30天注意力提升（第二阶）

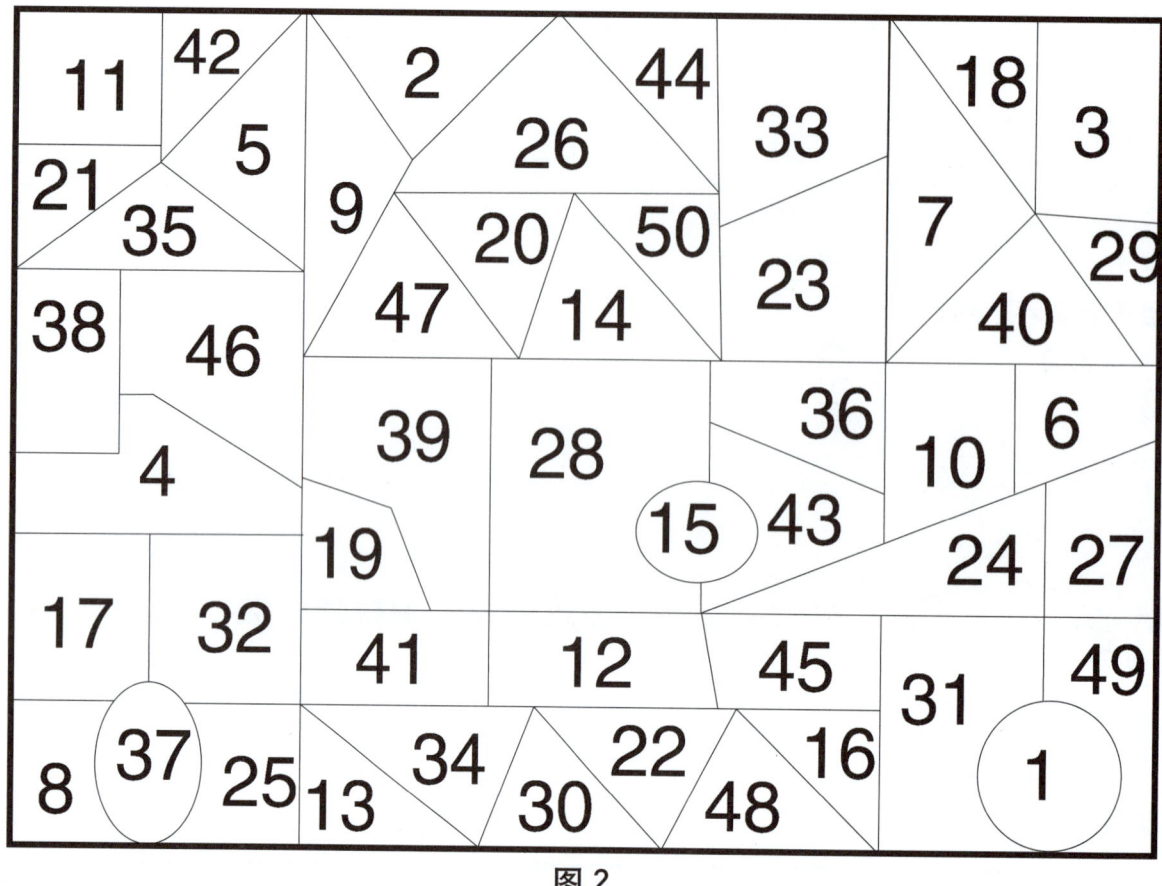

图 2

训练报告表

第四项　视觉分辨 **按数序在图中找到各数**	正数序所用时间： 分	倒数序所用时间： 分

第五项　注意力测试　视觉测试

测试方法及内容同于第1日，请参照进行。

第 30 日训练

测 试 题 答 卷

题目	1K	1H	5X	C5	A7	O2	1V	3K	9Z	X9	W8	N12	2M	L5	Z19
答案															
题目	B5	4H	L1	12Z	19H	5L	J7	C1	I18	8R	M20	13S	2N	4Q	P20
答案															
题目	6G	3F	3R	14Y	2T	L17	18C	4D	3X	5Y	1Q	V13	13J	4B	5R
答案															
题目	9S	G8	B2	5J	3W	4L	7Q	13K	Z11	5T	8R	17X	9D	1Y	I4
答案															
题目	F33	T38	27P	22D	Z21	C16	31M	24W	35H	Y37	D33	28X	33T	29O	F39
答案															
题目	13B	G15	22X	28S	34Q	37N	9W	14J	28F	32D	37W	H34	K25	18B	I24
答案															
题目	36X	31O	25C	23P	40H	36F	V39	4D	15K	30S	24Y	21J	H25	15X	33I
答案															
题目	24F	28W	36G	39Q	R31	T34	H37	X32	K27	33X	29F	27X	32H	D37	T18
答案															
题目	N19	16W	14K	30F	26J	I19	28P	29W	32D	4Z	30C	27J	37F	C31	Y34
答案															
题目	26L	21K	F28	S32	26O	24R	19X	16T	12K	38S	D39	35K	Z37	S35	H29
答案															
题目	T26	M20	Q27	D35	31P	22K	37P	25I	34D	29J	18C	Y25	31O	22F	17P
答案															
题目	27T	32F	40S	W39	B31	J28	A24	17K	R23	T26	30P	23N	16Q	29Y	K24
答案															

检测方法：

1. 把全部做完上面 180 题的时间写在下面训练报告表中。

2. 家长把学生的测试题答案对照"测试题答案"（见"教材·答案册"第 30 日第五项），找出错误的个数，并计算错误个数所占的百分比。再把结果写在下面的训练报告表中。

3. 比较开始训练前（第 1 日）和训练后（第 30 日）测试的各项数值：所用时间，错误个数的百分比等。即为视觉注意水平的提高程度。

训练报告表

	题目总数：180 个	错误个数：　　　个
第五项　注意力测试 **视觉测试**	所用时间：　　分　　秒	错误个数所占百分比： 错误个数 / 题目总数 =　　　%
	训练前后所用时间减少的百分比： 训练前所用时间 − 训练后所用时间 / 训练前所用时间 =　　　%	训练前后错误个数降低的百分比： 训练前错误个数 − 训练后错误个数 / 训练前错误个数 =　　　%

第六项　注意力测试　听觉测试

测试方法及内容同于第 1 日，请参照进行。

检测方法：

1. 把正确重复的句子数和正确句子所占百分比写在下面的训练报告表中。

2. 比较开始训练前（第 1 日）和训练后（第 30 日）正确句子个数增加所占的百分比。即为听觉注意水平的提高程度。

训练报告表

	句子总数：12 句	正确重复的句子数：　　　句。
第六项　注意力测试 **听觉测试**	正确句子所占百分比： 正确句子 / 句子总数 =　　　%	听知觉能力提高的百分比： 训练后正确句子——训练前正确句子 / 句子总数 　　　=　　　%

30天注意力提升

第二阶 | 教材·答案册「家长用」

杨其铎 刘津 刘人嘉 著

湖南科学技术出版社

图书在版编目（CIP）数据

30天注意力提升．第二阶 / 杨其铎等著．-- 长沙：湖南科学技术出版社，2019.1
（2022.6重印）
ISBN 978-7-5357-9994-4

Ⅰ．①3… Ⅱ．①杨… Ⅲ．①注意－能力培养－小学－教学参考资料 Ⅳ．①G625.5

中国版本图书馆CIP数据核字(2018)第 243867 号

30TIAN ZHUYILI TISHENG DIERJIE
30天注意力提升 第二阶

著　　者：杨其铎　刘　津　刘人嘉
责任编辑：何　苗　柏　立
出版发行：湖南科学技术出版社
社　　址：长沙市湘雅路276号
　　　　　http://www.hnstp.com
湖南科学技术出版社天猫旗舰店网址：
　　　　　http://hnkjcbs.tmall.com
印　　刷：长沙三仁包装有限公司
　　　　　（印装质量问题请直接与本厂联系）
厂　　址：长沙市宁乡高新区泉洲北路98号
邮　　编：410604
版　　次：2022年6月第2版
印　　次：2022年6月第4次印刷
开　　本：889mm×1194mm　1/16
印　　张：16.25（共二册）
书　　号：ISBN 978-7-5357-9994-4
定　　价：80.00元(共二册)

（版权所有·翻印必究）

第一作者简介

杨其铎

杨其铎，著名儿童教育专家，国家科技部项目顾问，"壹嘉伊方程"原创人。

杨其铎从事儿童教育研究30多年，是一位集理论与实践为一身的教育专家。早先从对自己的女儿进行教育入手，由两个女儿的成功教育（一为北京大学医学博士、哈佛大学研究学者；一为15岁以专业成绩全国第一名考入中央工艺美术学院—现清华大学美术学院），进而推广到研究普通儿童的全面素质教育。她在其后18年的群体实践中，已培养出近千名品格优秀、智力超常的孩子。

杨其铎历经三十几年的研究和实践，研究开发出3～13岁儿童的整套教育方案与教材教具——《壹嘉伊方程》。《壹嘉伊方程》曾在北京大学进行过试点，得到国家教育部前任副部长韦钰的赞赏。

杨其铎研究家庭教育也有30多年历史，在中国很多城市进行过演讲、专题讲座（2014.4—2015.6在湖南省图书馆连续进行的"家庭教育讲座"十六讲。），多次被电视台进行专访报道。在指导家长如何进行家庭教育上做出很大成绩，帮助很多家长解决了忧患和烦恼，改造了大量有不良习惯的儿童。

2004年，杨其铎的教学科研成果《壹嘉伊方程》丛书开始出版，2008年～2012年又有大批教材问世。至今已出版书籍八套共40多本，其中："家庭教育"方面的书籍2本，《壹嘉伊方程》教材七套，40本。

她的书籍受到广大家长的如潮好评，得到国内外教育权威人士的高度认同，他们评价此书是"填补了中国乃至世界脑科学发展的操作部分"，是"符合儿童认知和心理发展"的书籍。

杨其铎的专著已在国内和美洲，欧洲，澳洲等有华人的地方广泛传播，其中《四五快读》连续多年荣登当当网畅销书榜首，发行已突破200万册。《四五快读》在美国是学习华文教材的第一位，澳洲"孔子学院"也把它作为学习华文的教材；《30天注意力提升》也一直热销，并成为国内广大培训机构的教材以及医疗机构的矫正教材。

杨其铎三十几年的教育研究和实践过程，可概括为三步进行：第一步对自己孩子的教育（个案），第二步是对普通儿童的教育，在自己创办的实体中进行实验研究（群案），第三步是对广大儿童的教育（经由出版书籍对广大儿童进行的教育）。这三层教育都收到了令人信服的效果。由此可以证实，杨其铎的研究成果具有坚实的实践基础，是符合中国国情、符合儿童心理和认知水平的。

听觉训练教材及答案　视觉训练答案

注意力
是提高学习能力至关重要的心理品质

再 版 前 言

《30天注意力提升》第一版于2008年问世，至今已10年，一直属于常销书类。虽然需求的人数不少，也一直不断地加印。但我个人感觉，它并没有达到我写此书的预期目的，因为它不如《四五快读》那样被人们需求、追捧。然而实际上，注意力培养的重要性绝不亚于家长所认为的早期识字阅读和数算，甚至更为重要，因为它是保证学习质量高低的决定因素。

10多年前，北京大学的博士生导师预见我国儿童"注意力涣散"的情况会越来越严重，并希望我能关心这方面的问题。于是我萌生了写一套提升注意能力的书的想法。当有培训机构知道我的动机后，不失时机地向我伸出橄榄枝，要出天价买断壹嘉伊"注意力提升教材"的版权，供他们旗下的培训点使用。当然我不会为了钱改变我的初心——为中国广大的孩子写一套能帮助他们改变命运的书。因为在中国，学习成绩几乎是决定命运的标尺，而注意力又是提高学习成绩的至关重要的心理品质。

由于第一版出版发行几年后的情况，距离我的初心差距太大，我有时甚至会想，如若当年交给培训机构，通过他们的宣传也许受益的孩子会更多、更广。

今年，湖南科学技术出版社准备修订再版此书，我进行了深刻的思考，确实发现了第一版的几个"误区"。

1. 第一版的定位不够准确。在前言"纠正极具破坏力的学习习惯——注意力涣散"中，强调的是这套书专门针对注意力涣散的孩子，供他们改善注意涣散的毛病，是一本"治病"的书，而不是"预防"的书。因此只有发现孩子的注意力确实有问题了，家长才来光顾此书，属于"亡羊补牢"。

而本套书的作用决不仅限于此。对于注意力没有什么毛病的孩子，用这套训练方案可以很大程度地提高注意品质，成为学习能力超强的人。"亡羊补牢"毕竟无奈，防患于未然，加强培养才是根本。

2. 第一版没有明确指出儿童形成"注意涣散"的众多原因，所以在指导家长如何帮助孩子克服不良习惯方面的力度不够。

现实中我们所有的学生几乎都存在着程度不同的"注意力不良"的问题，形成的原因和我们的教育现状，包括学校教育、家庭教育都有着密不可分的、千丝万缕的联系。尤其是"独生子女"一代，从小以这种特殊的身份长大，环境的副作用烙印不可避免地印在了孩子身上。所以这一版（第二版）在"家庭教育不当"的形成原因中我下了大力，列举了诸多家庭教育不当的表现，分析了形成的原因，给出了改变状况的建议。这个做法不仅对于注意问题较大的孩子家长有着明确的指导作用，而且对于注意品质没有什么问题的孩子家长、甚至幼童的家长都是有着借鉴意义的。

这一版（第二版）我们设计了"问卷"，家长可以通过回答问卷，自查"注意力不良"的程度，搞清楚自己孩子的注意品质属于什么程度；如果属于涣散，形成的原因又在哪里，如何纠正等，这样在指导家长如何操作上就提升了一个高度。

总之，《30天注意力提升》这套书除了可以"治病"，帮助注意涣散的孩子纠正不良习惯外，一个更大的作用，就是可以用它来"培养和优化"孩子的注意品质，为孩子的学习能力大幅加分。

如果再版的《30天注意力提升》能够唤醒更多的家长懂得注意力的重要，重视对孩子注意力的培养，并能尽快开始对孩子进行注意力提升的训练的话。那么我才会真正感到欣慰，真正感到自己做了一件有用的事。

注意力的定义

注意力是什么？

大家在听课或看电影时都会有深刻的体会，那就是必须要将眼睛、耳朵都指向老师、黑板或银幕，才能接受信息。但是如果我们虽然眼睛盯着、耳朵也听着，心思却没有集中到这些地方，就会出现"视而不见，充耳不闻"的现象。为什么呢？那是因为我们的心思（即心理活动也称**"意识"**）没有参与到这个认识过程中来，也就是"心"（实际是"意识"，俗称"心"）跑了，于是就出现了"心不在焉"的现象。

为了听好教师的讲课，我们必须先让"心"指挥好眼睛和耳朵，看着或听着所要接受的信息，再控制住"心"，不让它跑了。那个能够控制住"心"的是谁呢？是**"动机、意志等非智力因素的组合"**，这个就可以称之为**"注意"**。

因此，要全面认识事物，必须要有**注意＝意志**等的控制，才能使被控制的**意识**（心）稳定于这个认识过程，达到"一心一意"的目的。

从而，我们得出了"注意力"的定义：**将意识指向并集中于一定对象的能力，是学习知识的门户，是一种宝贵的心理品质。**

俄国教育家乌申斯基曾把注意力比喻为"一扇门"，凡是外界进入心灵的东西都要通过它。如果这扇门半开半闭或者没有开启，外界的东西也就只能够进来一部分，甚至一点都没有进来。这样就一定会影响学习效果。

第一部分

培养和提升注意力可以为孩子的一生奠定坚实基础

决定"注意力"好坏的要素

影响"注意力"好坏的因素很多，例如先天的神经类型、气质类型、激素水平；后天的个性、意志力、感觉统合程度以及不同的家庭教育方式对人的影响等。

若要具备优秀的注意力品质，具体归结起来，最重要的是两大要素：

一是好用的眼睛和耳朵。

二是良好的意志力。

眼睛和耳朵要好用到什么程度呢？

眼睛： 不仅要能看见，还要能看全（范围），能看清楚（细节）；不仅要能看正确，还要能看懂（理解）；并且要能记住。

耳朵： 不仅要能听见，还要能听全（完整），能听清楚（细致）；不仅要能听正确，还要能听懂（理解）；并且要能记住。

良好的意志力： 由最初的自控力发展到在学习或工作时能够克服自身的疲劳、病痛等困难，顶住外界的任何干扰甚至引诱，不让它们把自己的"心"拉走。

要把注意力训练到上面所说的程度，对于幼儿、儿童肯定需经过一个长时间的训练过程。

为什么必须要经过长时间的训练呢？
儿童"注意"的特点

● **儿童期，"注意"由无意注意向有意注意发展**

儿童注意的发展是和神经系统的发育、主导活动的形式以及情感、意志等因素相联系的。

学前儿童的认知能力、自控力都还没有很好地发展，神经系统还都处于发育中。此时幼儿的主导活动是游戏，一般没有学习任务。因此他们的注意没有一定的方向和目的，主要处于**无意注意**。他们很容易被客观环境的各种因素：声音、色彩、活动的事物，突发的情况所吸引。

当他们进入小学，主导活动便由游戏变为了学习，此期教师的任务是不断向儿童提出各种要求，儿童的注意力也就在教师的引领下由低级的无意注意逐渐向高级的**有意注意**发展。

渐渐地，小学低年级的孩子已经能够按照教师的要求进行听讲、读写等学习活动，但他们的自我控制能力较弱，容易受外界事物的吸引，而分散注意力。

随着教师长时间对儿童提出各种提高注意力的要求，小学生的**有意注意**就逐渐发展起来。开始时还是被迫的，以后才能够自己强迫自己去学习，到了小学高年级才能较自觉地学习。

● **儿童"注意"的稳定性是影响学业第一位的因素**

注意本身表现有各种不同的品质（特点），例如：注意的集中性、稳定性，注意的分配范围和注意的转移等。这些特点之间是相互联系的，这些品质的优劣又和儿童的生理发育水平、儿童的知识水平、生活经验、思维水平以及儿童所面对不同事物的性质、内容有关。

这些品质中，注意的稳定性，即指注意集中并持久于所做的工作或所认识的事物的能力，是学习期间第一位重要的因素，是顺利完成课业的保证。

● **主要影响儿童注意稳定的2个因素**

①儿童的年龄影响"注意"的稳定性，表现为儿童注意的稳定性随年龄的增长而增强。而注意的其他各特点，例如注意分配、注意转移等也会随着儿童年龄的增长，在成长中逐渐发展起来。一般情况下，儿童集中、稳定注意力的时间见下表：

儿童年龄	注意集中时间
7—10岁	约20分钟
10—12岁	约25分钟
12岁以上	约30分钟

②儿童在成长过程中所面对的活动内容、形式，儿童活动指导者的水平等对其注意的稳定性影响明显。如果在实践中，引导者能够根据孩子的心理、兴趣，把所学内容变得更为生动活泼的话，孩子注意的稳定性就可以提高很多。

例如：在课堂上，学生的数量比较多，如果教师能够把教学组织得更紧凑，内容更生动直观，方法更多样化一些，学生在课堂中的注意时间是可以保持到 45 分钟的。

总之，儿童的注意能力是要经过一个比较长的时间，在诸多因素的影响下发展起来，逐渐达到理想的程度。

提升"注意"品质，重点训练"视知觉"和"听知觉"能力

我们先搞清楚几个名词，要知道视觉、听觉和视知觉、听知觉不是一回事。

良好的注意品质是要把视觉和听觉获得的信息传递到大脑，并进行加工，再完整地把客观事物的整体形象反映出来。而这个传递、加工、反映的心理过程，就是"知觉"。

只有视觉（看得见）和听觉（听得见）还不够，一定要达到能够完整反映事物的程度，即要有较好的"视知觉"能力和"听知觉"能力。

良好的视知觉和听知觉能力一定是有"意识"的参与才能获得，一定要经过大脑的传递、加工等心理过程才能完成。

● **"视知觉"能力包含**

视觉集中（将视力集中于所见的事物）。

视觉分辨（分辨清楚相近事物的不同）。

视觉宽度（视力能够看到的最大范围）。

视觉转移（将视力从一个事物转到另一个事物）。

视觉理解（理解所见事物）。

视觉记忆（记住所见到的事物）。

视动协调（边看边说或边看边写的协调能力）等。

● **"听知觉"能力包含**

听觉集中（将听力集中于所听的事物）。

听觉分辨（分辨清楚所听事物的细部或不同）。

视觉转移（将听力从一个事物转到另一个事物）。

听觉理解（理解听到的事物）。

听觉记忆（记住听到的事物）。

听动协调（边听边写、边听边动的协调能力）等。

如果我们希望孩子能够具有比较理想的注意品质的话，就必须要训练"视知觉"和"听知觉"的各种能力。

《30天注意力提升》即是训练、提升"视知觉"和"听知觉"能力的一套教材

第二部分

小学生注意力涣散的治疗

当前中国学生的注意力和学习情绪普遍存在问题，形成的原因很多：因为学习压力大，考试不断，疲惫不堪，厌学，再加上培训项目过多，没有自己的活动空间……而且注意涣散的程度不同，严重的导致多动症，对立违抗，轻度的则为注意涣散。

一、小学生注意力涣散的常见表现及原因

（一）粗心：看错、听错、抄错

表现：

1. 读书时：读错，漏读；

2. 写作业、考试时：看错，抄错，漏题；

3. 留作业时听题、考试时考听写题经常听错。

原因：

1. 视知觉能力差：或视觉集中、或视觉分辨、或视觉宽度、或视觉理解、或视觉记忆、或视觉转移、或视动结合差；

2. 听知觉能力差：或听觉集中、或听觉分辨、或听觉理解、或听觉记忆、或听觉转移、或听动结合差。

（二）做作业慢，做事效率低

表现：

1. 作业时间比应完成时间长几倍；

2. 边做作业边玩；

3. 没有家长陪就做不完。

原因：

1. 学习习惯不良；

2. 有依赖心；

3. 视知觉能力差：或视觉集中，或视觉分辨，或视觉宽度、或视觉理解，或视觉记忆，或视觉转移、或视动协调差。

（三）上课思想不集中

表现：上课讲话、做小动作，走神，没有听见课堂内容。

原因：

1. 上课内容听不懂，理解力差；

2. 自控力差，注意集中能力、指向性差；

3. 听知觉能力或注意转移差。

（四）其他方面

表现：

1. 特别不愿意做那些需要持续用脑的功课或训练；

2. 游戏，做事时不注意细节，常犯粗心大意的错误；

3. 经常弄丢东西，例如玩具，铅笔，书本或其它学习用具；

4. 经常忘事，例如上学校时丢三落四，忘记老师、家长安排和分配的任务；

5. 在完成任务或做功课时常常虎头蛇尾，不能按要求将事情做到底；

6. 家长对孩子讲的话，孩子经常听不见。

原因：

1．依赖性强；

2．意志力薄弱；

3．缺乏责任心；

4．注意指向性差，听知觉能力差；

5. 家长在教育中缺失对注意能力的培养。

我们总结出，注意涣散发生的重要原因有三个方面：

1．单纯的注意品质弱：表现为：

① 注意集中能力差，注意指向性差，转移能力差。

② 视知觉能力差．听知觉能力差。

2．行为习惯、心理能力差，导致注意力涣散。表现为：

① 依赖性强，缺乏责任心。

② 自控力差，意志力薄弱。

3．学习习惯不良：学习能力差，理解力差。

二、自查 "注意力不良" 的程度

既然注意力的形成或培养都是个长期的过程，那么当我们的孩子在上学以后出现了注意力涣散的表现时，就要找到根源，而且很多原因是从很小的时候就存在的。

为了帮助孩子治疗这个"毛病"，必须先要准确地查找和判断孩子"注意力不良"的表现属于什么类型，再根据原因对症下药。

（一）填表：

请家长按照孩子的实际表现，针对以下问题，在情况符合的括号【】内打勾：

表1

序号	类型号	标记括号	孩 子 的 表 现
1	2号	【　】	我的孩子上课10分钟后，就开始动、说小话。
2	1号	【　】	我的孩子在做作业时，经常听错教师或家长读的题目。
3	3号	【　】	我的孩子在做作业时，没有家长陪就做不完。
4	5号	【　】	我的孩子经常处于活跃状态，就像上了发条一样不停地活动。
5	2号	【　】	我的孩子上课时经常左顾右盼，和同学说话，做小动作。
6	4号	【　】	我的孩子经常听不懂老师在课堂上讲的内容。
7	5号	【　】	我的孩子经常在需要安静的场合，不听劝告地四处奔跑或攀爬。
8	3号	【　】	我的孩子常常无法按照指示完成作业、任务或其他事情。
9	4号	【　】	我的孩子各科成绩都不够理想，孩子自己也很是焦急。
10	5号	【　】	我的孩子很难静下来玩耍或安静地游戏。（除了看电视、打电游）

表1 续表

序号	类型号	标记括号	孩 子 的 表 现
11	2号	【　】	我的孩子经常不知上课讲的是什么，不知留的作业是什么。
12	4号	【　】	我的孩子上课很不爱举手。（因为不自信，怕答错）
13	2号	【　】	我的孩子在做作业时效率很低，边做边玩，用的时间常常几倍于应该完成的时间。
14	1号	【　】	我的孩子在考试时，经常听错教师读的题目。
15	5号	【　】	我的孩子常常不能参加有序、轮流的游戏或活动，例如不能耐心地排队等待。
16	4号	【　】	我的孩子在做作业时经常因为不会做而拖延了时间。
17	3号	【　】	我的孩子经常弄丢东西，例如玩具，铅笔，书本或其它用具。
18	2号	【　】	我的孩子在做作业时不能集中精神，一有风吹草动就会分心。
19	1号	【　】	我的孩子在考试时，经常看错题，抄错字，抄错符号，抄错得数，丢题。
20	5号	【　】	我的孩子常常在老师还没有说完问题时就抢着回答。
21	3号	【　】	我的孩子经常忘事，例如上学校时丢三落四,忘记老师安排和分配的任务。
22	2号	【　】	我的孩子逃避或不愿意做较为细心的事。
23	1号	【　】	我的孩子在做作业时经常掉字、写错字、写错符号，抄错得数。
24	3号	【　】	我的孩子经常听不见别人对他讲的话，家长要求他做某件事时，要说上很多遍。
25	5号	【　】	我的孩子常常在课堂上或其他应该坐好的场合，不听劝告地站起来。
26	4号	【　】	我的孩子学习还是比较努力，课堂上也能注意听，但成绩并不理想。
27	2号	【　】	我的孩子从小在游戏、做事时就不注意细节，常常犯粗心大意的错误。
28	1号	【　】	我的孩子在读书或读课文时，容易读错字，加字或丢字很多。

表1 续表

序号	类型号	标记括号	孩子的表现
29	5号	【　】	我的孩子手或脚经常不安地动来动去或坐不住。
30	4号	【　】	教师有时问我的孩子有没有不懂的地方，他也说不出来。
31	2号	【　】	我的孩子上课经常走神，没听见老师的讲课内容。
32	1号	【　】	我的孩子在考试时，难题做得对，不该出错的地方反而出错。
33	3号	【　】	我的孩子遇到他认为难做的事情甚至难度大些的游戏就拒绝继续做下去。
34	5号	【　】	我的孩子在许多场合都会贸然介入别人的活动或谈话。

（二）进行总结：

类型号1号 共计（　　　）个记号

类型号2号 共计（　　　）个记号

类型号3号 共计（　　　）个记号

类型号4号 共计（　　　）个记号

类型号5号 共计（　　　）个记号

（三）结论：

1号　多于4个——缺少注意力专项训练。

2号　多于6个——有注意力涣散倾向。

3号　多于6个——因为家庭教育失当，直接造成"自控力差，意志力差，依赖性强，没有责任心"等个性特点，间接造成"注意力涣散"。

4号　多于4个——学习能力较差。

5号　多于6个——有多动症的行为症状。

此自查的量表是根据我多年在实践中积累的经验研究总结而成，是给大家提供建议的，而不是用于医学诊断的量表。

三、各型注意不良的形成原因与纠正方法

（一）1号类型——缺乏注意力专项训练：

采用提高视知觉和听知觉的训练方法即可。

（二）2号类型——注意力涣散：

表2　　　　　　　　　　注意力涣散的形成原因及纠正方法

形　成　原　因	纠　正　方　法
1. 气质类型（例如：多血质）使然。	尽力矫正因气质带来的弱点。
2. 不当的家庭教育环境及方法没养成孩子"守规矩"的良好习惯。	努力改变家庭教育的方法。
3. 课堂内容较为枯燥，吸引不了孩子，于是上课做小动作，说话，玩。	努力提高孩子的自控力。
4. 孩子受到的关注和表扬不多，于是千方百计表现自己，以便引起大家的注意。	增强对孩子的关注，以鼓励的教育方法提高孩子的自信。
5. 上课的内容听不懂，累积起来更觉得吃力，因此不认真听课，逐渐形成注意力涣散的习惯。	想办法帮孩子补齐功课，并培养良好的学习习惯。
6. 孩子迷上看电视、上网、电游，无心学习，注意力不能集中听讲。	努力引导孩子远离不良爱好。
7. 孩子课外训练的项目过多，孩子已经没有足够的精力集中听课。	适当减少课外培训的数量。
8. 家长额外给孩子增加作业或做"考试卷子"，使孩子更加厌倦学习。	家长应该杜绝这种做法。

（三）3号类型——家庭教育失当：

表3　　　　　　家庭教育的失当形成注意力涣散的原因及纠正方法

原因	具　体　表　现	纠　正　方　法
缺乏培养注意力的理念和方法	1. 家长自身浮躁的性情，给孩子带来不良影响。	家长以安详的态度和稳定的情绪来感染孩子，做孩子的好榜样。 说话简洁清晰，减少重复，不要唠叨。 给孩子指令时，逐渐做到只说一次。
	2. 忽视"净心"的训练： ①家长没有训练孩子"净心、专注"的意识和能力。	家长要明了培养"净心、专注"的习惯是对孩子一生最大的帮助。
	②没有给孩子营造"安静"的环境。	保持安详、宁静的家庭氛围，排除喧闹、嘈杂的因素。

表 3　续表

原因	具 体 表 现	纠 正 方 法
缺乏培养注意力的理念和方法	③经常带孩子参加热闹、刺激的活动。	减少带孩子参加热闹、刺激活动的次数。
	④从小的阅读不够。	即刻开始培养孩子的阅读习惯。
	3. 玩具、书籍过多。	控制玩具和书籍的数量，争取做到每本书、每个玩具都能反复接触过。
	4. 看电视时间过多。	减少看电视的时间，每天不能超过1～2小时（2岁以内幼儿应杜绝看电视）。要做出规定并严格执行，家长必须带头做到。
	5. 参加各种培训与活动过多。	适量参加各种培训班，以确实能够收到"提高学习兴趣"和"提高才艺水平"为标准。
	6. 对孩子的帮助（辅导）过多。	对孩子的帮助（辅导）过多，反而会养成孩子"上课不听讲，回家等'补课'"的依赖心理，进一步使注意力涣散。应该努力培养孩子的自学能力和良好的学习习惯。
不重视体育和动手的训练	1. 不重视体育锻炼。	感觉统合失调的孩子，没有能力控制自己的注意力，从而形成注意力涣散，甚至成为多动症。 加强体育运动（大肢体运动）可以提高感觉统合水平，即可保证良好的注意集中和自我控制能力。
	2. 不重视动手的训练。	手是"第二大脑"。动手不仅可以全面地开发大脑，还是感觉统合运动中很重要的一环。加强动手的训练（精细运动），延长注意力的持续时间，使孩子"静"下来。
家庭教育模式不当	1. 对孩子有求必应，宠溺过度。	培养了"自我中心、自私、不关心他人，严重的娇骄二气。追求奢华，没有责任心，不反思自己，自律自控差，注意涣散"的人。家长应尽快改变这种教育模式。
	2. 对孩子"大放手、给自由"，过度放任。	培养了"自我中心、骄横无理、不守规矩、胆大包天、无法无天、自律自控差、注意涣散、不担当、不易结交益友"的人。家长应尽快改变这种教育模式。
	3. 对孩子照顾、呵护过分。	培养了"胆小、怯懦、依赖、自律自控差、意志薄弱、没有责任心"的孩子。家长应尽快改变这种教育模式。
	4. 对孩子支配、指挥过度。	容易成长为"依赖、心理幼稚、不自信、无创造性、无理想、无作为"的人。家长应尽快改变这种教育模式。

表3 续表

原因	具体表现	纠正方法
教育方法不当	教育方法以"督促、批评"为主。	容易成长为自卑、被动、自控自律差、不担当、不快乐的人。家长应努力学习"鼓励为主"的教育方法。
	教育方法以"说教"为主。	容易成长为只说不做、空头理论、自控自律差、不担当，把大人的话都当成耳旁风，很早就发生逆反情绪的人。
	经常对孩子进行"消极暗示"。	只能使孩子认可了自己的弱点，丧失前进的动力。家长应该鼓励孩子，采用"积极暗示"的方法，帮助他一起努力克服不良习惯，增强信心。
当孩子受挫后采用方法不当	讽刺、挖苦。	容易使孩子变为自暴自弃、待人尖酸刻薄、充满负能量、阴冷之人。家长应立即改变这种方法，学习采用鼓励为主的教育方法。
	唠叨、苦情。	容易使孩子变为内疚、负罪感、烦躁、自卑、自甘落后、无动力、很难有所作为的人。家长应立即改变这种方法，学习用鼓励为主的教育方法。
	打骂、饿饭。	容易使孩子变为冷峻、凶残、暴戾、无同情心、充满报复心之人。或者成为胆怯、卑下、猥琐、阿谀奉承之人。家长应立即停止这种方法，学习采用鼓励为主的教育方法。

（四）4号类型——**学习能力较差**：想办法帮孩子补齐功课，并培养良好的学习习惯。

（五）5号类型——**有多动症行为症状**：儿童多动症的形成与多种原因有关。应由医疗机构进行诊治。

四、确定改变孩子现状的努力方向

经过填表后，家长会发现自己的孩子在好几个方面都存在着问题，例如：他可能是"注意涣散"为主（2号类型），但也没有进行过注意力专项训练（1号类型），而自控力差也和家庭教育不当（3号类型）有关，只是轻重程度不同罢了。这个发现再正确不过了，因为"注意涣散"绝对是既有注意品质上的问题，也有非智力品质的问题，是多种因素造成的。

这时，家长就应该将几个方面的因素综合起来考虑，根据孩子在几个类型中的表现程度、形成原因、纠正方法，围绕着最严重的问题制定可行的治疗方案。

因为几乎所有注意涣散的孩子都会存在家庭教育不当的原因，所以在制定治疗方案时，最好是全体家长参加，大家一起讨论，客观冷静地挖掘问题出在哪里，找到原因后，全家

人包括孩子一起携手努力，为了孩子的未来尽快改变。

这儿有一点要提醒家长，在分析孩子的表现，寻找注意涣散原因时，请注意参照前面所介绍的孩子在不同年龄段的注意稳定时间表，根据孩子的年龄，找出与稳定性规律的差距。例如孩子只有七岁，注意稳定时间应该只有20分钟。但每节课的课时为45分钟，孩子会受不了。这样的情况，只能尽快用《30天注意力提升》训练孩子，尽快地提高注意能力。

十年的实践证明《30天注意力提升》确实可以直接提高视知觉和听知觉能力，也可以纠正注意涣散的不良习惯

此套教材使用后的效果如何，是否真的可以提高孩子的注意品质？

我进行儿童智力、能力的研究三十几年，已经积累出"壹嘉伊方程"的全部教材，并在陆续出版中。我们"壹嘉伊方程"教材的各个科目中都含有很多训练"注意力"的内容，凡是从"壹嘉伊"走出去的孩子，都保持着非常优秀的**"定力＝注意品质"**，这种品质为他们的远期学习甚至一生奠定了坚实的基础。

写作"30天注意力提升"这套书，我的的做法是：先将"壹嘉伊方程"中的"注意力训练部分"提出来，又补充了许多新内容，将这些内容整合成听知觉训练和视知觉训练，并做了更细的分类，例如"视觉集中"、"听觉集中"、"视觉判断"、"听觉判断"、"视觉转移"、"听觉转移"、"视觉记忆"、"听觉记忆"等。然后，经过几期学生的试验、调整，证明效果十分明显。第三步才是出版，目的是想看看这套教材对于广大的家长、教师、孩子是否真有帮助。

2008年《30天注意力提升》（共四册）正式出版，到现在已经发行10个年头。

从发行10年中陆续得到的反馈情况看：

一是，确实有很多发现孩子注意不够好的家长非常重视，并积极投入对孩子的训练中，所以每个寒、暑假前，都会出现购书高潮。而从读者的反馈信息中，得知孩子经过一个假期（连续30天）的训练，开学后，不但注意力得到很大提高，而且学习成绩也明显上升，家长很满意。他们的感觉是：孩子的视知觉和听知觉能力提高了，观察力、记忆力、思维能力和学习效率也都有了明显的提高。更为可喜的是孩子的自信心、意志力也增强了，由厌学转为愿学、爱学，由被动学习转为主动学习。

二是，全国大量的"注意力培训班"采用这套教材进行训练；还有不少老师到我处进

行培训后开班提高学生的注意力，效果都很突出。

三是，很多医疗机构在进行"儿童多动症（注意短缺型）"的检测和治疗中，采用这套教材对孩子进行测试，并用它进行"多动症"的矫正治疗，效果明显。这点是我始料未及的，当然我也很高兴。

四是，有些省 2010 年以后出版的教材中也已经采用了此套教材中的某些内容，说明这套书的训练方法和题型是有价值的。

通过以上反馈的情况可以看出，《30 天注意力提升》用来培养提升学生的注意品质，或用来纠正注意涣散等不良习惯，收效的确明显。

因此。此套书适合每一个小学生（甚至初中生）用作提高自己的注意品质。

学前幼儿园大班的孩子，如果接受过一些学前教育（能识一些汉字，做简单加减法），也可以用此套书的第一册进行训练，以提升注意品质。具体操作时只要把本书中每天的内容分两次进行就可以了（详见"使用操作要点"）。

经过注意力提升培训的学前儿童在进入小学后，就能够很快顺利适应学校的教学活动。

期待每一位家长重视孩子注意品质的培养，并付诸实践，培养出**"定力＝注意力"**优秀的学生。

作者

2018 年 10 月

本书可以用作培养、提升学生注意品质的教材。也可以用来纠正学生注意力涣散的不良习惯。

一、使用范围

本套书主要针对小学生（初中生也可以用）

本书很难定出哪一阶的书适用于哪个年级的学生，因为孩子的情况各不相同。只能做几种粗线条的描述。

❶ 一般情况下训练提升孩子的注意力品质

应该怎样做呢？孩子入小学后的第一个寒假，有了汉字、数字的基础知识，可以从第一阶开始训练；二年级的学生可随时从第一阶开始训练；三年级以上的学生可从第二第或三阶开始训练。

平时可安排在完成学校作业后，每天做书中的"1日"训练，也可"1日"分两次做，但一定要连续30次不中断，效果才显现。

如果是假期做，连续30天做一阶，注意力品质会有明显提升效果。

❷ 如果家长确实感到孩子的注意力出了问题需要纠正时

应该采用哪一阶呢？一般小学低年级学生，应该从第一阶开始进行训练；中年级学生可以从第二阶开始；高年级学生要视严重程度而定，可以从第三阶开始，也可从第二阶开始；初中生同样可以从第三阶开始。总之涣散程度越严重，就越要从程度低的那一阶开始训练、纠正。

❸ 学前孩子怎样训练注意力

家长如果很想提高学前孩子的注意品质，在采用此书时，也有禁忌或者限制：

● 小于五岁（含五岁）的幼儿不适合采用此教材。

● 学前班（或幼儿园大班）的孩子，如果已经认识一些汉字和数字，可以选每道题的一部分进行训练。

例如：

"数出几个指定数字的数目"，家长读20个数列，让孩子数有几个什么数。

"数出几个指定汉字的数目"，家长读短文让孩子数有几个什么汉字。

听觉训练教材及答案　视觉训练答案

这种类型的题目，可以采用把数列减少、减短的方法；读文只读一半的方法来训练。

也可以依照书中训练视知觉、听知觉的方法另外找短的数列或文章进行。待熟练后可以逐渐加长。

遇到与算数有关或孩子还没有接触到的题目跳过即可。

看图的题都可以做。

二、操作要点

❶ 每一阶书包括两本：

训练册，为题目集。供学生做训练题用，并记录训练效果。

教材·答案册，主要含训练听知觉的教材；视、听答案；每日评估。供家长读题、检查对错及记录学生的训练状况，做对比等用。（"教材·答案册"后附有训练卡片）。

❷ 本书每日安排从视、听两方面进行训练（每日的二、四、六项为视知觉训练，三、五项为听知觉训练。），视、听交替进行，以提高视知觉、听知觉水平和避免疲劳。

❸ 每一阶书提供 30 天训练方案。其中：

● **净心训练**：静坐、放松、调节呼吸是为了做好训练前的准备，把身心调适到一个良好的状态。

● 视知觉训练中的

定点注视·注视一点不动可以激活视网膜的神经细胞，增强稳定视知觉影象的功能，很大程度地提高视知觉的集中能力。

视觉追踪能够加强眼睛、视觉神经和大脑相关部位的功能，能够拓宽视野，提高对事物的认知速度和捕捉能力，对于防止近视的发生也有一定的作用。

● **视知觉训练题**：可以提高视觉集中，视觉分辨，视觉宽度，视觉转移，视觉记忆，视动协调等能力。

● **听知觉训练题**：可以提高听觉集中，听觉分辨，听觉宽度，听觉理解，听觉记忆，听动协调等能力。

❹ 请学生认真完成每一阶提供的 30 天连续训练方案（30 天不要间断），每天训练 6 项内容，时间约为 1.5～2 小时。

如果不能保证每天 2 小时训练，可以将一天的训练内容分两次做：第一次做第1、第3、第4项，第二次作第2、第5、第6项，以使每次的内容都能够包含视知觉能力和听知觉能力的训练。

❺ 请家长全程陪同孩子训练当教练，除了读"听知觉"题，核对答案外，还要观察、

记录孩子每次的表现。发现进步及时肯定；如遇困难，一定不要责备或表示失望，要用孩子哪怕细微的进步来鼓励孩子坚持到底，不惧重做，直到取得最后胜利。

❻ 纠正注意力涣散，不可能一蹴而就，做完一阶训练后，可以再选择更高阶的训练，巩固效果。之后，还需要在一段较长时间内继续贯彻本书的思路，以稳定注意品质：

● 平时多静心，使学生常处于安静状态。少做浮躁、激动、疯玩的活动，例如：长时间打电游、长时间上网、长时间看电视等。

● 每天孩子做完作业后，做一些提升注意力的训练。例如：

1. 让孩子读（或倒读）一段文章，要求不漏字、不加字、不跳行，逐渐加长文章内容，逐渐做到加快速度且正确率高。

2. 让孩子数某段文章中某个汉字的数量，争取做到正确率越来越高。

3. 复述家长读的数列、句子或数其中的数或字的数量等。

● 每周末需要做一次坚持较长时间的活动（1~2小时以上），例如：练书法，下棋，画画，拼图，练坐功等。

❼ 训练过程中，建议有条件的家庭最好能够提供一个音乐氛围，即轻声播放轻柔、舒缓的无标题音乐，例如：外国古典音乐，民族音乐中的古筝、二胡、琵琶独奏等乐曲，或者大自然音乐等。这种做法有利于身心的放松和集中注意力，同时也开发了右脑。

❽ 本书可以作为注意力提升培训班的训练教材。

听觉训练教材及答案 视觉训练答案

目　录

第 1 日训练	1
第 2 日训练	4
第 3 日训练	8
第 4 日训练	11
第 5 日训练	15
第 6 日训练	17
第 7 日训练	20
第 8 日训练	22
第 9 日训练	25
第 10 日训练	27
第 11 日训练	29
第 12 日训练	31
第 13 日训练	34
第 14 日训练	36
第 15 日训练	39
第 16 日训练	41
第 17 日训练	43
第 18 日训练	46
第 19 日训练	49
第 20 日训练	51
第 21 日训练	53

第 22 日训练 ·· 55

第 23 日训练 ·· 58

第 24 日训练 ·· 60

第 25 日训练 ·· 63

第 26 日训练 ·· 65

第 27 日训练 ·· 67

第 28 日训练 ·· 69

第 29 日训练 ·· 71

第 30 日训练 ·· 73

视知觉训练题目分布索引 ·· 77

听觉训练教材及答案　视觉训练答案

第1日

第三项　听觉集中　　数出几个指定数字的数目

要求：家长读数列，学生听并数出指定数字（"2"，"4"，"6"，"8"）各有几个。

家长读数前先提醒学生要数哪个数，例如：先数"2"，请学生用心数数。然后一秒读一个数：1 4 1 5 9……

待家长读完一遍数列后，让学生把共有几个"2"的数目写在训练报告表中。然后，家长再读

第二遍数列，学生数下一个数字"4"……

读一遍数列，学生数一个数字，数4个数字要读4遍。

教材：

14159　26535　89793　23846　26433　83279　50288　41971　69399　37510
58209　74944　59230　78164　06286　20899　86280　34825　34211　70679

答案："2"=12；"4"=10；"6"=9；"8"=12

第四项　注意力测试　　视觉测试

要求：

1. 把全部做完180题的时间写在训练报告表中。

2. 家长把学生的"测试题答卷"对照下面的"测试题答案"，找出错误的个数，并计算错误个数所占的百分比。再把结果写到训练报告表中。

30 天注意力提升（第二阶）

测 试 题 答 卷

题目	1K	1H	5X	C5	A7	O2	1V	3K	9Z	X9	W8	N12	2M	L5	Z19
答案	4	9	4	5	1	8	2	6	6	4	8	7	0	3	7
题目	B5	4H	L1	12Z	19H	5L	J7	C1	I18	8R	M20	13S	2N	4Q	P20
答案	1	7	2	1	9	3	2	8	1	9	4	8	5	5	6
题目	6G	3F	3R	14Y	2T	L17	18C	4D	3X	5Y	1Q	V13	13J	4B	5R
答案	4	9	9	4	5	3	3	6	8	4	4	4	9	6	3
题目	9S	G8	B2	5J	3W	4L	7Q	13K	Z11	5T	8R	17X	9D	1Y	I4
答案	9	9	4	4	5	5	2	4	8	1	9	3	9	4	4
题目	F33	T38	27P	22D	Z21	C16	31M	24W	35H	Y37	D33	28X	33T	29O	F39
答案	8	6	1	1	7	2	3	4	4	9	6	7	1	5
题目	13B	G15	22X	28S	34Q	37N	9W	14J	28F	32D	37W	H34	K25	18B	I24
答案	6	4	9	3	5	8	5	4	5	9	0	9	5	3	9
题目	36X	31O	25C	23P	40H	36F	V39	4D	15K	30S	24Y	21J	H25	15X	33I
答案	9	7	9	7	8	8	9	6	2	7	4	5	1	9	5
题目	24F	28W	36G	39Q	R31	T34	H37	X32	K27	33X	29F	27X	32H	D37	T18
答案	4	2	7	2	4	6	1	5	7	3	6	9	8	9	0
题目	N19	16W	14K	30F	26J	I19	28P	29W	32D	4Z	30C	27J	37F	C31	Y34
答案	9	6	5	3	2	3	9	2	9	0	3	3	8	5	7
题目	26L	21K	F28	S32	26O	24R	19X	16T	12K	38S	D39	35K	Z37	S35	H29
答案	4	9	5	9	8	2	2	3	6	4	1	9	1	7	3
题目	T26	M20	Q27	D35	31P	22K	37P	25I	34D	29J	18C	Y25	31O	22F	17P
答案	7	4	5	1	9	9	8	6	3	3	0	7	5	7
题目	27T	32F	40S	W39	B31	J28	A24	17K	R23	T26	30P	23N	16Q	29Y	K24
答案	4	7	6	4	7	8	1	4	7	7	4	9	2	9	5

听觉训练教材及答案　视觉训练答案

 **第五项　注意力测试**　　**听觉测试**

要求：家长慢速而清晰地读第一句，学生听完后，重复背诵第一句，家长再读第二句，学生背诵……每句话家长只能读一次，直至学生出现错误为止。把正确重复的句子数写到训练报告表中。

教材：

1. 小华打电话。
2. 小华晚上打电话。
3. 小华晚上在家里打电话。
4. 小华晚上在家里用手机打电话。
5. 小华晚上在家里用爸爸的手机打电话。
6. 小华晚上在家里用爸爸的手机给奶奶打电话。
7. 小华晚上在家里用爸爸的手机给住院的奶奶打电话。
8. 小华晚上在家里用爸爸的手机给在北京住院的奶奶打电话。
9. 小华晚上在家里用爸爸的手机给在北京住院陪爷爷的奶奶打电话。
10. 小华晚上在家里用爸爸的手机给在北京住院陪爷爷治病的奶奶打电话。
11. 小华晚上在家里用爸爸的手机给在北京住院陪爷爷治病的奶奶打长途电话。
12. 小华晚上在家里用爸爸的手机给在北京住院陪爷爷治病的奶奶打长途慰问电话。

第 1 日评估

项　目	正确率 所占比例	效率 （高、中、低）	与前次相近题 比较（进、退）	情　绪
1. 静　坐				
2. 注视一点不动				
3. 数出几个指定数字的数目				
4. 视觉测试				
5. 听觉测试				

说明：此评估是对学生每日训练情况的大体总结。"正确率所占比例"、"效率"、"与前次相近题比较"几项只能是大概估计，不可能有精确的数字表述。情绪一项一般也只能用饱满、稳定、愉悦、浮躁、急躁、不稳定、心不在焉、应付或厌倦等来表示。

第 2 日

第三项　听觉集中　数出几个指定汉字的数目

要求：家长读故事《激烈的战斗》，学生数出指定汉字（"一"，"上"，"他"，"的"）各有几个，并将答案写到训练报告表中。

家长读故事前先提醒学生要数哪个字，例如先数"一"，请学生用心数数。然后较慢速地读故事。待家长读完一遍故事后，让学生把共有几个"一"的数目写在训练报告表中。然后，家长再读第二遍故事，学生数下一个汉字"上"……

回答"简答"问题，家长要按照学生的能力实际情况，在读第一遍或第二遍后要求学生回答。可以口头回答，也可以笔答。家长引导学生用简短的话回答提问，以便训练学生的概括能力。

家长读一遍故事，学生数一个汉字，数4个汉字要读4遍。

注意：标题中的字也在计算之列。

教材：

激烈的战斗

在一场激烈的战斗中，上尉忽然发现一架敌机正向阵地俯冲下来。

按照常理，发现敌机俯冲时要毫不犹豫地卧倒。可是上尉并没有立刻卧倒，因为他发现在离他四、五米远的地方，有一个小战士根本没有感觉到飞机的危险，更不知道敌机准备俯冲。

他顾不上多想，一个鱼跃飞身扑过去将小战士紧紧地压在了身下。与此同时一声巨响，飞溅起来的泥土纷纷落在他们的身上。当上尉起身拍打身上的泥土时，很欣慰地看到小战士安然无恙。

但他回头看时，顿时惊呆了：刚才自己所处的那个位置已经被炸成了一个大坑。

简单回答问题：

1题．上尉忽然发现一架敌机正要干什么？

2题．按照常理，在飞机俯冲时要如何做？

3题．上尉有没有卧倒？

4题. 上尉如何保护了小战士？
5题. 一声巨响发生了什么事情？
6题. 上尉刚才所处的位置变成了什么样？

答案："一"=6，"上"=6，"他"=4，"的"=8
简答答案：1题. 向阵地俯冲。
2题. 毫不犹豫地卧倒。
3题. 没有立刻卧倒。
4题. 将小战士紧紧地压在了身下。
5题. 炸弹爆炸。
6题. 一个大坑。

第四项 视觉分辨答案 找出横线两边不同的数字

要求：请学生将横线右边与横线左边对应数列中不同的数字划出来。
答案：

56712—57612	61718—61918
67943—69734	59831—59831
13598—13597	36249—36429
26480—24686	05687—06578
37501—35710	35970—39570
66891—67891	59314—59314
59842—59842	78624—78642
38725—38725	29086—29806
89734—87934	96830—96831
20375—20575	60361—90391
50739—50739	38061—35091
68721—67281	50713—70513
95383—35383	80684—80648
38024—38042	83617—81637
59250—29259	18293—38291
79414—41479	90897—90897

30 天注意力提升（第二阶）

第五项 听觉记忆   听记数列

要求：家长读数列，学生听完一组数列后在训练报告表中写一组；然后，再听第二组，再写第二组。不能边听边记。

教材：

1题

62081　　20514　　83516　　46029　　73051　　18639　　03845　　95084　　30724　　51620

2题

072913　　603872　　948372　　410394　　360917　　731405　　100679　　210758

第六项 视觉转移   算数加法计算

要求：请学生按题目要求做加法计算。

答案：

1题

4	1	5	6	1	7	8	5	3	8	1	9	0	9	9	8	7	5	2	7
1	5	6	1	7	8	5	3	8	1	9	0	9	9	8	7	5	2	7	9

0	1	1	2	3	5	8	3	1	4	5	9	4	3	7	0	7	7	4	1
1	2	3	4	5	8	3	1	4	5	9	4	3	7	0	7	7	4	1	5

9	1	0	1	1	2	3	5	8	3	1	4	5	9	4	3	7	0	7	7
1	0	1	1	2	3	5	8	3	1	4	5	9	4	3	7	0	7	7	4

4	1	5	6																
1	5	6	1																

循环数的个数：60

2题

5	1	6	7	3	0	3	3	6	9	5	4	9	3	2	5	7	2	9	1
1	6	7	3	0	3	3	6	9	5	4	9	3	2	5	7	2	9	1	0

9	6	5	1	6	7	3	0	3	3	6	9	5	4	9	3	2	5	7	2
6	5	1	6	7	3	0	3	3	6	9	5	4	9	3	2	5	7	2	9

5	6	1	7	8	5	3	8	1	9	0	9	9	8	7	5	2	7	9	6
6	1	7	8	5	3	8	1	9	0	9	9	8	7	5	2	7	9	6	5

5	1	6	7																
1	6	7	3																

循环数的个数：60

第2日评估

项　目	正确率 所占比例	效率 （高、中、低）	与前次相近题 比较（进、退）	情　绪
1. 静　坐				
2. 扫视直线				
3. 数出几个指定汉字的数目				
4. 找出横线两边不同的数字				
5. 听记数列				
6. 算数加法计算				

30 天注意力提升（第二阶）

第 3 日

第三项　听觉集中　　数出几个指定数字的数目

要求：家长读数列，学生数出指定数字（"0"，"1"，"3"，"5"）各有几个，并将答案写到训练报告表中。读数列的要求请参见第 1 日第三项。

教材：

82148　08651　32823　06647　09384　46095　50582　23172　53594　98128
48111　74502　84102　76193　85211　05559　64462　29489　54930　38196

答案："0"=9，"1"=12，"3"=8，"5"=12

第四项　视觉分辨　　找出与框外围相同的图

要求：请学生在方框内寻找与框外围相同的图，并把框外图的号数写在框内相应的图旁。

答案：

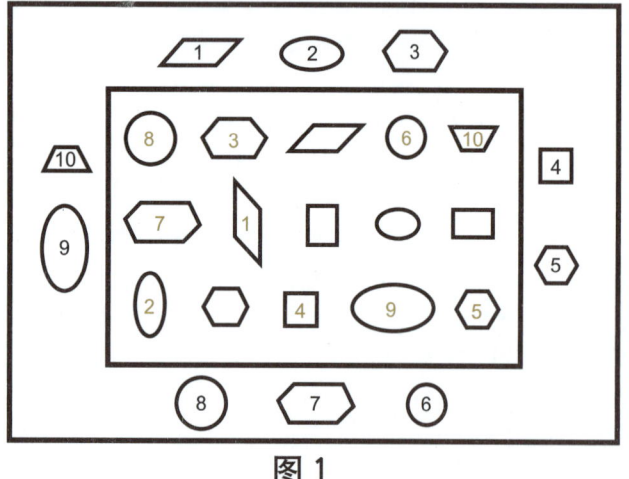

图 1

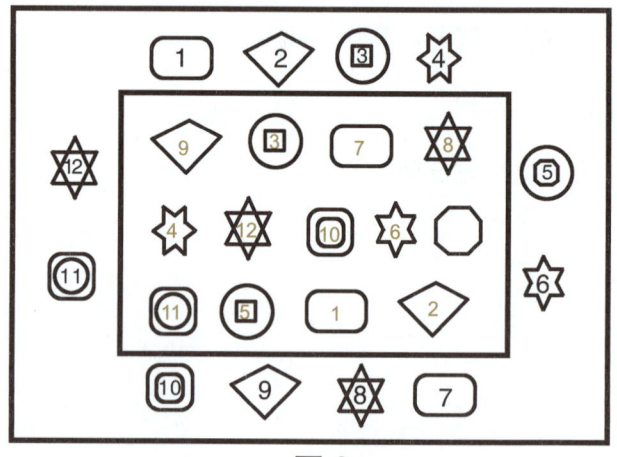

图 2

图3

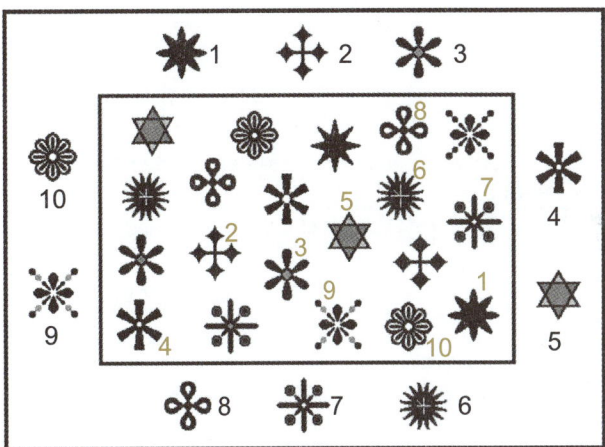

图4

第五项 听觉分辨 找出两句话中不同的词组

要求：家长读几题很相近的两句话，学生找出两句话中不同的两对词组。家长先把某题的两个句子读完，再读两遍，每题共读三遍。

教材：

1题．● 南山的枣树，今年结的枣子特别多。
　　　● 东山的枣树，今年结的枣子特别大。

2题．● 小雨水冲洗过的岩石，光亮得好像是水晶。
　　　● 雨水冲刷过的岩石，光亮得好像是玻璃。

3题．● 今年夏天的气温比往年都高。
　　　● 今年夏天的温度比哪年都高。

4题．● 看世界杯足球赛，运动员们踢得那么精彩，真觉得过瘾。
　　　● 看世界杯足球赛，运动员们踢得那么漂亮，真觉得痛快。

5题．● 几年没见，小表弟长高了一大截，我差点没认出他来。
　　　● 几年没见，小表弟窜高了一大截，我几乎没认出他来。

答案：1题．南山—东山，多—大；
　　　　　2题．冲洗—冲刷，水晶—玻璃；
　　　　　3题．气温——温度，往年——哪年；

30天注意力提升（第二阶）

4题．精彩—漂亮，过瘾—痛快；

5题．长—窜，差点—几乎。

 **第六项 视觉转移** 算数减法计算

要求：请学生按题目要求做减法计算。

答案：

1题

| 9 | 2 | 7 | 5 | 2 | 3 | 9 | 4 | 5 | 9 | 6 | 3 | 3 | 0 | 3 | 7 | 6 | 1 | 5 | 6 |
| 2 | 7 | 5 | 2 | 3 | 9 | 4 | 5 | 9 | 6 | 3 | 3 | 0 | 3 | 7 | 6 | 1 | 5 | 6 | 9 |

| 9 | 7 | 2 | 5 | 7 | 8 | 9 | 9 | 0 | 9 | 1 | 8 | 3 | 5 | 8 | 7 | 1 | 6 | 5 | 1 |
| 7 | 2 | 5 | 7 | 8 | 9 | 9 | 0 | 9 | 1 | 8 | 3 | 5 | 8 | 7 | 1 | 6 | 5 | 1 | 4 |

| 4 | 7 | 7 | 0 | 7 | 3 | 4 | 9 | 5 | 4 | 1 | 3 | 8 | 5 | 3 | 2 | 1 | 1 | 0 | 1 |
| 7 | 7 | 0 | 7 | 3 | 4 | 9 | 5 | 4 | 1 | 3 | 8 | 5 | 3 | 2 | 1 | 1 | 0 | 1 | 9 |

| 9 | 2 | 7 | 5 | | | | | | | | | | | | | | | | |
| 2 | 7 | 5 | 2 | | | | | | | | | | | | | | | | |

循环数的个数：60

2题

| 7 | 2 | 5 | 7 | 8 | 9 | 9 | 0 | 9 | 1 | 8 | 3 | 5 | 8 | 7 | 1 | 6 | 5 | 1 | 4 |
| 2 | 5 | 7 | 8 | 9 | 9 | 0 | 9 | 1 | 8 | 3 | 5 | 8 | 7 | 1 | 6 | 5 | 1 | 4 | 7 |

| 7 | 7 | 0 | 7 | 3 | 4 | 9 | 5 | 4 | 1 | 3 | 8 | 5 | 3 | 2 | 1 | 1 | 0 | 1 | 9 |
| 7 | 0 | 7 | 3 | 4 | 9 | 5 | 4 | 1 | 3 | 8 | 5 | 3 | 2 | 1 | 1 | 0 | 1 | 9 | 2 |

| 2 | 7 | 5 | 2 | 3 | 9 | 4 | 5 | 9 | 6 | 3 | 3 | 0 | 3 | 7 | 6 | 1 | 5 | 6 | 9 |
| 7 | 5 | 2 | 3 | 9 | 4 | 5 | 9 | 6 | 3 | 3 | 0 | 3 | 7 | 6 | 1 | 5 | 6 | 9 | 7 |

| 7 | 2 | 5 | 7 | | | | | | | | | | | | | | | | |
| 2 | 5 | 7 | 8 | | | | | | | | | | | | | | | | |

循环数的个数：60

第3日评估

项　目	正确率 所占比例	效率 （高、中、低）	与前次相近题 比较（进、退）	情　绪
1. 静　坐				
2. 扫视直线				
3. 数出几个指定数字的数目				
4. 找出与框外围相同的图				
5. 找出两句话中不同的词组				
6. 算数减法计算				

第4日

 **第三项　听觉集中**　　数出几个指定汉字的数目

要求：家长读故事《网开三面》，学生数出指定汉字（"网"，"一"，"鸟"，"的"）各有几个，并回答"简答"问题，将答案写到训练报告表中。读故事的要求请参见第2日第三项。

教材：

网开三面

有一次，一个国王到野外游玩，看见一个人四面张着网在捕鸟，嘴里还在不停地说："从天上落下来的，从地面往上飞的，从四面八方来的，都掉进我的网里来。"

国王看了，对捕鸟人说："你这样把鸟都捉尽了，也未免太残忍了。你赶快撤掉三张网，只留下一张网。"

捕鸟人说："一张网怎么能捕到鸟？"

国王说："你张一张网对鸟儿喊叫：'鸟儿啊，你们愿意往左飞就往左飞，愿意往右飞就往右飞。实在不想活了，就进我的网里来吧！'你这样做才算是一个心地善良的人啊！"

国王对捕鸟人说的话,很快就传开了,人们都说国王心地善良,他对禽兽都能这般仁慈,我们应当真心拥护他。

简单回答问题:

1题.捕鸟人几面张了网捕鸟?

2题.捕鸟人叫哪些鸟进网里来?

3题.国王叫他张几张网?

4题.国王叫捕鸟人对鸟说,什么样的鸟才进网里来?

5题.人们说国王心地如何?

答案: "网"=8,"一"=7,"鸟"=8,"的"=7

简答:1题.四面。

2题.从四面八方来的。

3题.一张网。

4题.实在不想活的。

5题.善良。

第四项　视觉分辨　找出两个相同的图

要求:请学生在每行图中寻找两个相同的图,并在图上作出标记。

答案:

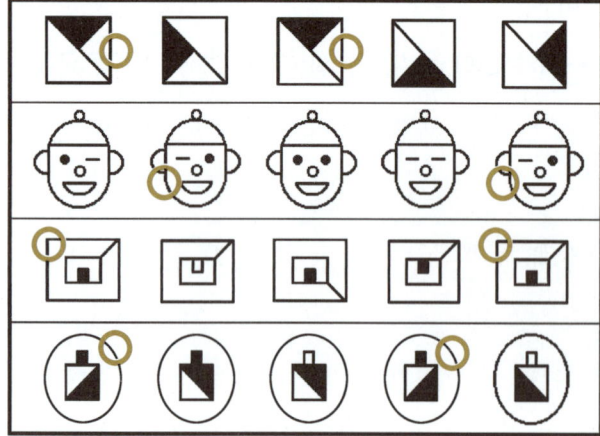
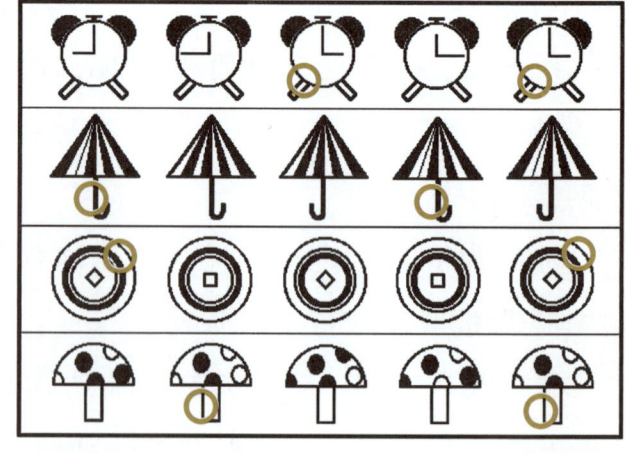

听觉训练教材及答案 视觉训练答案

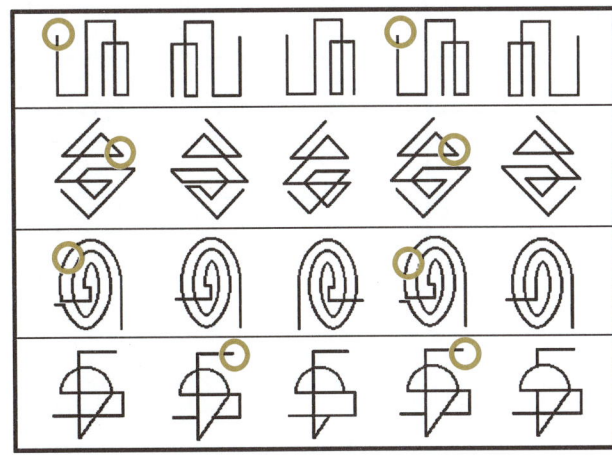

第五项 听觉集中   记录数列中按数序排列缺失的数字

要求：家长读一个数列，学生认真听，可以边听边将数列中按数序排列缺失的数字写在训练报告表中。

教材：

1题．1、2、3、5、6、7、8、10、11、12、14、15
2题．24、26、27、28、29、31、32、34、35、36、37、38
3题．23、22、21、18、17、16、15、14、13、12、10、9
4题．32、31、30、28、27、26、25、24、23、21、19、18

答案：1题：4、9、13　　2题：25、30、33
　　　3题：20、19、11　　4题：29、22、20

第六项 视觉转移   算数加法计算

要求：请学生按题目要求做加法计算。

答案：

1题

7	8	5	3	8	1	9	0	9	9	8	7	5	2	7	9	6	5	1	6
1	7	8	5	3	8	1	9	0	9	9	8	7	5	2	7	9	6	5	1

7	3	0	3	3	6	9	5	4	9	3	2	5	2	7	2	9	1	0	1
6	7	3	0	3	3	6	9	5	4	9	3	2	5	2	7	2	9	1	0

30 天注意力提升（第二阶）

2	3	5	8	3	1	4	5	9	4	3	7	0	7	7	4	1	5	6	1
1	2	3	5	8	3	1	4	5	9	4	3	7	0	7	7	4	1	5	6

7	8	5	3																
1	7	8	5																

循环数的个数：60

2 题

5	6	1	7	8	5	3	8	1	9	0	9	9	8	7	5	2	7	9	6
1	5	6	1	7	8	5	3	8	1	9	0	9	9	8	7	5	2	7	9

5	1	6	7	3	0	3	3	6	9	5	4	9	3	2	5	7	2	9	1
6	5	1	6	7	3	0	3	3	6	9	5	4	9	3	2	5	7	2	9

0	1	1	2	3	5	8	3	1	4	5	9	4	3	7	0	7	7	4	1
1	0	1	1	2	3	5	8	3	1	4	5	9	4	3	7	0	7	7	4

5	6	1	7																
1	5	6	1																

循环数的个数：60

第 4 日评估

项 目	正确率所占比例	效率（高、中、低）	与前次相近题比较（进、退）	情绪
1. 静 坐				
2. 扫视直线				
3. 数出几个指定汉字的数目				
4. 找出两个相同的图				
5. 记录数列中按数序排列缺失的数字				
6. 算数加法计算				

第 5 日

 **第三项　听觉集中**　　数出几个指定数字的数目

要求：家长读数列，学生数出指定数字（"0"，"4"，"6"，"9"）各有几个，并将答案写到训练报告表中。读数列的要求请参见第 1 日第三项。

教材：

44288　10975　66593　34461　28475　64823　37867　83165　27120　19091
45648　56692　34603　48610　45432　66482　13393　60726　02491　41273

答案："0"=7，"4"=15，"6"=15，"9"=7

 **第四项　视觉分辨**　　找出数序表中缺失的数字

要求：请学生找缺数。表 1 按正数序 1～30，表 2 按倒数序 30—1 寻找数序表中缺失的数字，并把缺数写在表下面的空格中。

答案：表 1：

| 1 | 6 | 10 | 12 | 20 | 30 |

表 2：

| 27 | 20 | 14 | 10 | 5 | 3 |

 **第五项　听觉分辨**　　找出三句话中相同的的词组

要求：听家长读几组题中三句不同内容的话，学生找出每三句话中相同的一个词组。家长先把某题的三个句子读完，再读两遍，每题共读三遍。

教材：

1 题．●爸爸看世界杯足球赛，看得很开心，整天乐呵呵的。

　　　●姐姐买了顶足球形的帽子，戴着它好开心。

　　　●弟弟参加了足球队，踢得很开心。

2 题．●东东在游泳池里冻得直哆嗦，差点抽筋。

●叔叔一边哆嗦着腿,一边喝茶,差点把杯子掉下来。

●妈妈说她在街上差点让一辆车撞上,吓得她直哆嗦。

3题.●妈妈着急上火,牙都肿了,又涨又疼。只好去买药来吃。

●吃西瓜可以去火,所以夏天多吃西瓜,可以不上火,省了好多去火药。

4题.●奶奶说,喝凉茶可以不上火,所以凉茶也是一种解暑药。

●童欣犯了个错误,狂风暴雨般的批评差点把他击垮。

●昨夜,狂风暴雨下了一夜。今天看到,院子里堆物间的屋顶给击垮了。

●足球场里,狂风暴雨般的掌声差点把体育场的顶棚击垮。

答案:1题.足球,开心。　　2题.哆嗦,差点。
　　　3题.上火,药。　　　4题.狂风暴雨,击垮。

第六项　视觉转移　　算数减法计算

要求:请学生按题目要求做减法计算。

答案:

1题

8	3	5	8	7	1	6	5	1	4	7	7	0	7	3	4	9	5	4	1
3	5	8	7	1	6	5	1	4	7	7	0	7	3	4	9	5	4	1	3

3	8	5	3	2	1	1	0	1	9	2	7	5	2	3	9	4	5	9	6
8	5	3	2	1	1	0	1	9	2	7	5	2	3	9	4	5	9	6	3

3	3	0	3	7	6	1	5	6	9	7	2	5	7	8	9	9	0	9	1
3	0	3	7	6	1	5	6	9	7	2	5	7	8	9	9	0	9	1	8

8	3	5	8																
3	5	8	7																

循环数的个数:60

听觉训练教材及答案　视觉训练答案

2题

| 5 | 4 | 1 | 3 | 8 | 5 | 3 | 2 | 1 | 1 | 0 | 1 | 9 | 2 | 7 | 5 | 2 | 3 | 9 | 4 |
| 4 | 1 | 3 | 8 | 5 | 3 | 2 | 1 | 1 | 0 | 1 | 9 | 2 | 7 | 5 | 2 | 3 | 9 | 4 | 5 |

| 5 | 9 | 6 | 3 | 3 | 0 | 3 | 7 | 6 | 1 | 5 | 6 | 9 | 7 | 2 | 5 | 7 | 8 | 9 | 9 |
| 9 | 6 | 3 | 3 | 0 | 3 | 7 | 6 | 1 | 5 | 6 | 9 | 7 | 2 | 5 | 7 | 8 | 9 | 0 | 0 |

| 0 | 9 | 1 | 8 | 3 | 5 | 8 | 7 | 1 | 6 | 5 | 1 | 4 | 7 | 7 | 0 | 7 | 3 | 4 | 9 |
| 9 | 1 | 8 | 3 | 5 | 8 | 7 | 1 | 6 | 5 | 1 | 4 | 7 | 7 | 0 | 7 | 3 | 4 | 9 | 5 |

| 5 | 4 | 1 | 3 |
| 4 | 1 | 3 | 2 |

循环数的个数：60

第5日评估

项　目	正确率 所占比例	效率 （高、中、低）	与前次相近题 比较（进、退）	情　绪
1. 静　坐				
2. 扫视折线				
3. 数出几个指定数字的数目				
4. 找出数序表中缺失的数字				
5. 找出三句话中相同的词组				
6. 算数减法计算				

第 6 日

 **第三项　听觉集中**　数出几个指定汉字的数目

要求：家长读故事《狐狸和刺猬》，学生数出指定汉字（"血"，"的"，"了"，

17

"不")各有几个。并回答"简答"提问，将答案写到训练报告表中。读故事的要求请参见第2日第三项。

教材：

狐狸和刺猬

狐狸游过一条湍急的河流，被河水冲到一个深谷。由于撞伤和生病，在那里躺了很长时间不能动弹。

一群饥饿的吸血蝇立刻飞落到他的身上。

刺猬经过那里，很同情他的遭遇，问他要不要把折磨他的吸血蝇赶开。

狐狸回答说："这没有多大用，请不必驱赶他们了。"

刺猬大惑不解："这是为什么呢？难道你想让吸血蝇叮咬吗？"

狐狸回答说："不，你看到的这些吸血蝇，肚子里已经吸满了血，就不再咬我了。如果你把这些吃饱的赶跑，就会招来更多饥饿的吸血蝇，这样就会把我剩下的血统统都吸光了。"

简单回答问题：

1题．狐狸被河水冲到了哪里？

2题．狐狸为什么不能动弹？

3题．一群什么东西飞落到狐狸身上？

4题．哪个同情狐狸，要帮他把吸血蝇赶开？

5题．狐狸让不让把吸血蝇赶开？

6题．如果把吃饱的吸血蝇赶开，狐狸的血就会被饥饿的吸血蝇吸得怎样？

答案："血"=7，"的"=9，"了"=5，"不"=6
简答答案：1题．一个深谷。 2题．因为撞伤和生病。 3题．吸血蝇。
4题．刺猬。 5题．不让。 6题．吸光。

第四项 视觉分辨 数相同图形的数目

要求：请学生在图中数出相同图形的数目。注意：数的时候，要一行一行自上而下，或一列一列自左至右地数，才不会数丢或重复数。将各种图形的数目写在图下面的空格中。

答案：

으	응	이	이
9	11	12	8

第五项　听觉记忆　倒述四字短句

要求：家长读一个四个字的短句，学生把这个短句倒过来复述。例如：把"我去学校"说成"校学去我"。

教材：

祝你好运　心想事成　寿比南山　一路平安　家庭作业
掩耳盗铃　盲人摸象　守株待兔　叶公好龙　滥竽充数

答案：

运好你祝　成事想心　山南比寿　安平路一　业作庭家
铃盗耳掩　象摸人盲　兔待株守　龙好公叶　数充竽滥

第6日评估

项　目	正确率所占比例	效率（高、中、低）	与前次相近题比较（进、退）	情　绪
1. 静　坐				
2. 扫视折线				
3. 数出几个指定汉字的数目				
4. 数相同图形的数目				
5. 倒述四字短句				
6. 口手配合				

第 7 日

第三项　听觉集中　　数出几个指定数字的数目

要求：家长读数列，学生数出指定数字（"1"，"5"，"7"，"9"）各有几个，并将答案写到训练报告表中。读数列的要求请参见第 1 日第三项。

教材：

72458　70066　06315　58817　48815　20920　96282　92540　91715　36436
78925　90360　01133　05305　48820　46652　13941　46951　94151　16094

答案："1"=13，"5"=12，"7"=5，"9"=10

第四项　视觉分辨　　找出横线两边不同的数字

要求：请学生将横线右边与横线左边对应数列中不同的数字划出来。

答案：

159763—159367　　　638638—683638
589307—598370　　　795310—795310
793504—795340　　　248739—246739
298347—288347　　　983172—983127
882531—825315　　　861357—861375
609080—608090　　　225330—255303
316497—314679　　　590135—570135
489135—498153　　　146379—164793

听觉训练教材及答案　视觉训练答案

```
975313—935113        575150—751750
804624—806424        628394—648392
406080—608060        902851—908215
315171—315071        180838—130383
925272—925272        301301—301301
273849—283746        690042—960024
152637—123567        805030—815131
756453—765433        013579—024680
```

第五项　听觉转移　　按词组的分类画符号

要求：家长按顺序读40个词组，当学生听到词组属于"海洋生物"类时，就在相应的格子内画符号"√"。例如：读到第5个是"鲸鱼"，就应该在第5个格子内画"√"。如果画到第6格内，就是错误的。

教材：

海豚	蚊子	苍蝇	喜鹊	鲸鱼	孔雀	杜鹃	海豹	黄雀	老鹰
甲虫	蜻蜓	海象	鲨鱼	天鹅	燕子	蜜蜂	海龟	螳螂	金龟子
蟋蟀	海葵	海蛇	麻雀	布谷鸟	鹈鹕	大雁	秃鹫	黄莺	海狮
蟑螂	鸳鸯	海带	啄木鸟	夜莺	蚂蚁	仙鹤	萤火虫	知了	蝴蝶

答案：

√ 1	2	3	4	√ 5	6	7	√ 8	9	10
11	12	√ 13	√ 14	15	16	17	√ 18	19	20
21	√ 22	√ 23	24	25	26	27	28	29	√ 30
31	32	√ 33	34	35	36	37	38	39	40

第7日评估

项　目	正确率所占比例	效率（高、中、低）	与前次相近题比较（进、退）	情　绪
1. 静　坐				
2. 扫视折线				
3. 数出几个指定数字的数目				
4. 找出横线两边不同的数字				
5. 按词组的分类画符号				
6. 读数字				

第8日

 **第三项　听觉集中**　　数出几个指定汉字的数目

要求： 家长读故事《贪吃的苍蝇》，学生数出指定汉字（"一"，"了"，"蜜"，"它"）各有几个。并回答"简答"问题，将答案写到训练报告表中。读故事的要求请参见第2日第三项。

教材：

贪吃的苍蝇

一天，一个孩子追逐一只猫，想抓住它。这只猫仓皇奔跑，一头钻进厨房里，突然，"砰"地一声，它将一瓶蜂蜜打破了。

蜂蜜洒了出来，甜味弥漫在院子里。有一群苍蝇被蜂蜜的甜味吸引，纷纷从窗外飞进来，停在蜂蜜上，大口大口地吃起来。

它们没有注意到它们的双脚已经被蜂蜜粘住了，依然享受着蜂蜜的美味。没多久，它们飞不开也动不了，身体渐渐被凝在蜂蜜里。

这群苍蝇越是想挣脱，就越是被黏得牢，最后，用尽力气也没有能够逃脱。断气前，它们嘶叫着："我们真是傻呀，为了一点甜头竟然害了自己。"

简单回答问题：

1题．蜂蜜是被谁打破的？
2题．猫又是被谁追赶的？
3题．蜂蜜的甜味把谁吸引了来？
4题．苍蝇来到蜂蜜前做什么？
5题．最后，苍蝇跑掉没有？
6题．苍蝇为什么没有跑掉？

答案："一"＝8，"了"＝6，"蜜"＝7，"它"＝6
简答答案：1题．猫。 2题．一个孩子。 3题．一群苍蝇。
4题．吃蜂蜜。 5题．没有。 6题．苍蝇的身体被粘在蜂蜜里。

第四项　视觉分辨　　找出与框外围相反的图

要求：在内框中寻找与框外围相反的图，并把框外图的号数写在框内相应的图旁。

答案：

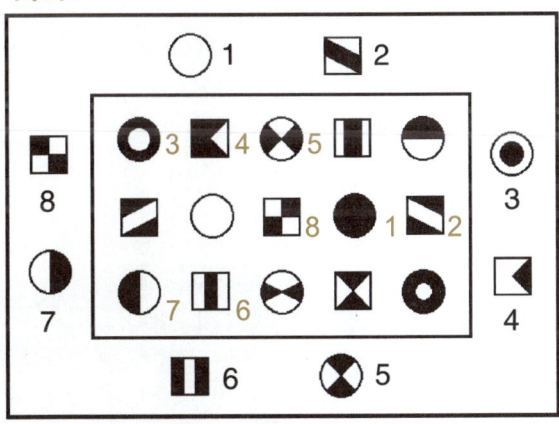
图1

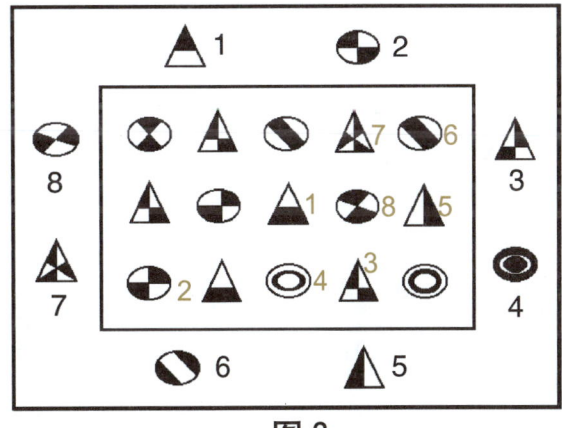
图2

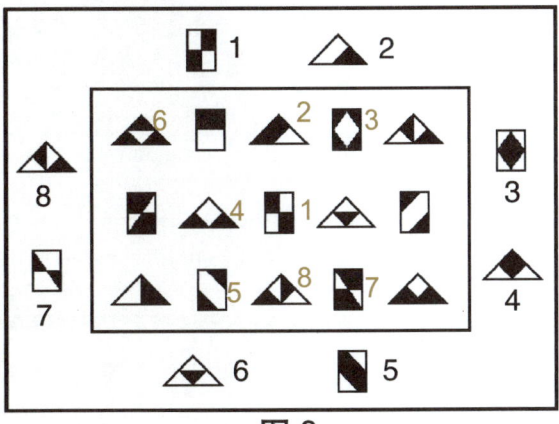
图3

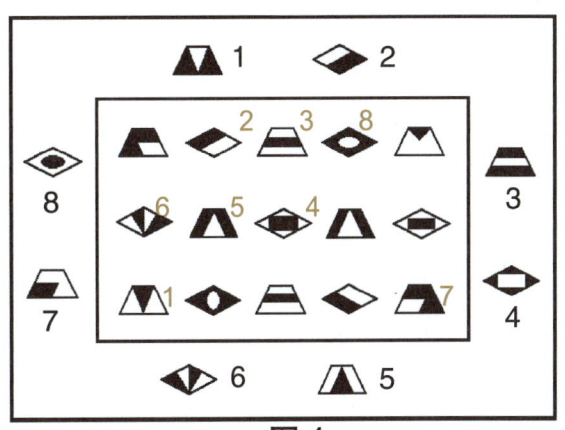
图4

第五项　听觉记忆　　听记数列

要求：家长读数列，学生听完一组数列后在训练报告表中写出来；然后，再听第二组，再写第二组。不能边听边记。

教材：

1题　603092　480629　186420　079573　081936　205931　503107　297016

2题　0364710　3864709　2570315　6183004　8209524　7312084　4010930　1502637

第六项　视觉理解　　组字成句

要求：请学生把几个排列混乱的汉字组成一句符合逻辑的通顺的句子。例如："爹歌妈书唱爱看爱"，应该组成句子"爹爱看书妈爱唱歌"。

答案：

1题．爹爱看书妈爱唱歌　　2题．小朋友爱看小人书

3题．我有口目鼻耳和眉　　4题．前天的哪天是昨天

5题．我要努力学好知识　　6题．我喜欢做飞机模型

7题．童欣参加了足球队　　8题．美人鱼生活在海里

9题．章鱼很会改变颜色　　10题．我家小狗会听人话

第8日评估

项　目	正确率所占比例	效率（高、中、低）	与前次相近题比较（进、退）	情绪
1.静　坐				
2.扫视折线				
3.数出几个指定汉字的数目				
4.找出与框外围相反的图				
5.听记数列				
6.组字成句				

第 9 日

第三项　听觉集中　　数出几个指定数字的数目

要求：家长读数列，学生数出指定数字（"0"，"3"，"6"，"9"）各有几个，并将答案写到训练报告表中。读数列的要求请参见第 1 日第三项。

教材：

33057　27036　57595　91953　09218　61173　81932　61179　31051　18548
07446　23799　62749　56735　18857　52724　89122　79381　83011　94912

答案："0"=6，"3"=11，"6"=6，"9"=13

第四项　视觉分辨　　找出两个相同的图

要求：请学生在每行图中寻找两个相同的图，并在图上作出标记。

答案：

图 1

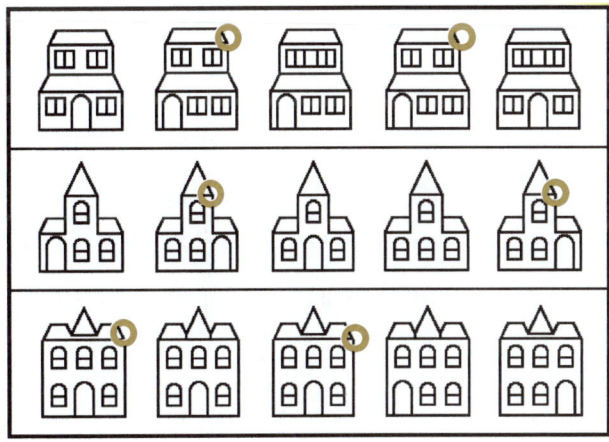

图 2

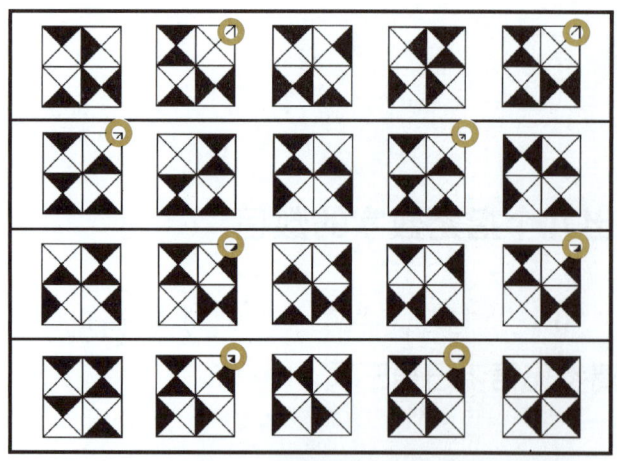

图 3

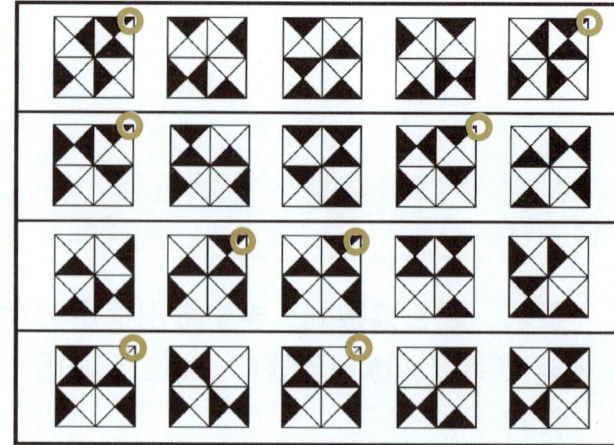

图 4

第五项　听觉分辨　　找出两句话中不同的词组

要求：家长读几题很相近的两句话，学生找出两句话中不同的两对词组。

教材：

1题．●清晨，锻炼的人们络绎不绝地来到运动场。
　　　●清早，晨练的人们络绎不绝地来到运动场。

2题．●早晨，街上的人们一边吃着早点，一边急匆匆地赶去上班。
　　　●早晨，路上的人们一边吃着早点，一边急匆匆地赶去上课。

3题．●下课了，同学们抢着跑出学校大门。
　　　●放学了，同学们争着跑出学校大门。

4题．●晚上，大家一边看电视，一边吃饭。
　　　●夜晚，大家一边聊天，一边吃饭。

5题．●睡梦里，我都在看足球赛，时常叫几声"好球！"。
　　　●做梦时，我都在看足球赛，时常喊几声"好球！"。

答案：1题．清晨—清早，锻炼—晨练。
　　　　2题．街—路，上班—上课。
　　　　3题．下课—放学，抢—争。
　　　　4题．晚上—夜晚，看电视—聊天。
　　　　5题．睡梦里—做梦时，叫—喊。

第 9 日评估

项　目	正确率 所占比例	效率 （高、中、低）	与前次相近题 比较（进、退）	情　绪
1. 静　坐				
2. 扫视折线				
3. 数出几个指定数字的数目				
4. 找出两个相同的图				
5. 找出两句话中不同的词组				
6. 读倒写的故事				

第 10 日

 **第三项　听觉集中　数出几个指定汉字的数目**

要求：家长读故事《猴子磨刀》，学生数出指定汉字（"磨"，"砍"，"刀"，"一"）各有几个。并回答"简答"提问。将答案写到训练报告表中。读故事的要求请参见第 2 日第三项。

教材：

猴子磨刀

一只猴子拣到一把刀，但这把刀很钝，连一棵小树也砍不断。

他跑去请教砍柴的人："告诉我，您的刀为什么那样锋利？"

"我把它在石头上磨过的。"

"磨过就行了么？"

"磨过就行。"

猴子高兴地跑回家去，拿了刀就在石头上磨了起来。他使劲地磨呀，磨呀，磨，一直磨到把刀口磨得和刀背一样厚了，就拿去砍树。

在他砍树时，使出了浑身力气，依然砍不动树。

"唉！我已经学习了别人的经验，还是毫无办法。如果不是经验本身不可靠，那就一定是这把刀子有问题了！"猴子下结论说。

简单回答问题：

1题．猴子的刀为什么砍不断小树？

2题．砍柴人的刀为什么锋利？

3题．猴子磨刀时，磨到刀的什么地方和什么地方一样厚了，就去砍树？

4题．猴子认为什么有问题？

5题．你认为猴子的问题在哪里？

答案："磨"=10，"砍"=5，"刀"=8，"一"=6

简答答案：1题．因为刀很钝。 2题．在石头上磨过。 3题．刀口磨得和刀背一样厚了。 4题．刀子有问题了。 5题 方法不对。

 **第四项　视觉分辨**　　找出数序表中缺失的数字

要求：请学生找缺数。表1按正数序1～30，表2按倒数序30～1寻找数序表中缺失的数字，把答案写在表下面的空格中。

答案：

表1：

2	8	12	17	22	26

表2：

30	29	20	11	10	5

 第五项　听觉集中　　记录数列中按数序排列缺失的数字

要求：家长读一个数列，学生认真听，可以边听边将数列中按数序排列缺失的数字写在训练报告表中。

教材：

1题　18、20、21、22、23、24、25、27、28、29、31、32、34、35

2题　45、46、47、48、49、51、53、54、56、57、58、59、61、62

3题　44、43、42、41、39、38、36、35、34、33、32、30、29、27

4题　62、61、59、57、56、55、54、53、52、51、50、47、46、45

答案：1题　19、26、30、33　　　2题　50、52、55、60
　　　3题　40、37、31、28　　　4题　60、58、49、48

第 10 日评估

项　目	正确率 所占比例	效率 （高、中、低）	与前次相近题 比较（进、退）	情　绪
1. 静　坐				
2. 扫视折线				
3. 数出几个指定汉字的数目				
4. 找出数序表中缺失的数字				
5. 记录数列中按数序排列缺失的数字				
6. 读数字				

第 11 日

第三项　听觉集中　　数出几个指定数字的数目

要求：家长读数列，学生数出指定数字（"2"，"3"，"7"，"8"）各有几个，并将答案写到训练报告表中。读数列的要求请参见第 1 日第三项。

教材：
98336　73362　44065　66430　86021　39494　63952　24737　19070　21798
60943　70277　05392　17176　29317　67523　84674　81846　76694　05132

答案："2"=10，"3"=13，"7"=14，"8"=6

第四项　视觉理解　　组字成句

要求：请学生把几个排列混乱的汉字组成一句符合逻辑的通顺的句子。

答案：

1题．我长大了要去外太空　　2题．山上有块好大的石头
3题．飞机和火车我都坐过　　4题．我爱看世界足球杯赛
5题．他是诺贝尔奖获得者　　6题．我们都希望世界和平
7题．全世界是一个地村球　　8题．全人类反对暴力行动
9题．中国是个伟大的国家　　10题．中华民族是炎黄子孙

第五项　听觉分辨　　找出三句话中相同的词组

要求：家长读几题中三句不同内容的话，学生找出每三句话中相同的两个词组。读题的要求请参见第5日第五项。

教材：

1题．●我爱吃大白兔牛奶糖。每次都要买很多，省得经常去买。
　　　●奶奶生日那天，爸爸、妈妈一起去买了一个好大的牛奶巧克力蛋糕。
　　　●爷爷喝不惯牛奶，说是不好消化，妈妈就给他买了好消化的酸奶。

2题．●爸爸的头就好像不长草的荒原，寸草不生，倒也干干净净的。
　　　●闹旱灾的地方，一片荒原，家家的粮仓里都是干干净净的，因为颗粒无收。
　　　●今天看了电影"荒原"，因为买票，把袋里的钱花得干干净净的。

3题．●这次黄金周出去旅游，我们可神气呢！因为我们坐的是妈妈和爸爸存钱买的汽车。
　　　●对门的小宝拿了七八辆玩具汽车在门口玩，一脸神气的样子。
　　　●参加汽车拉力赛的各国运动员一个个好神气，他们的汽车各色各样，真好看！

4题．●上周，参观了博物馆，古代人们的智慧真让人佩服不已。
　　　●最近，电视里报道有好几个地方发现了古代遗址，考古人员坚持不懈的精神令人佩服。
　　　●表哥对表姐说："你学古代人的穿着，我不敢恭维。你要是能够学学古代人的学习精神，我一定会佩服得五体投地。"

答案：1题．牛奶，买。　　2题．荒原，干干净净。
　　　3题．汽车，神气。　4题．古代，佩服。

 听觉训练教材及答案　视觉训练答案

 **第六项　视觉分辨**　　**数相同图形的数目**

要求：请学生在图中数出相同图形的数目。

答案：

⚹	⊘	⁒	⁄°
15	7	12	6

第 11 日评估

项　目	正确率 所占比例	效率 （高、中、低）	与前次相近题 比较（进、退）	情　绪
1. 静　坐				
2. 扫视折线				
3. 数出几个指定数字的数目				
4. 组字成句				
5. 找出三句话中相同的词组				
6. 数相同图形的数目				

第 12 日

 **第三项　听觉集中**　　**数出几个指定汉字的数目**

要求：家长读故事《好马》，学生数出指定汉字（"朋"，"马"，"好"，"上"）各有几个。并回答"简答"提问。将答案写到训练报告表中。读故事的要求请参见第 2 日第三项。

教材：

好 马

古时候，有一个人得了一匹好马，舍不得自己骑，就送给了好朋友。好朋友在朝廷里做官，还作得一手好诗。

好朋友骑着这匹好马上朝，上朝后，又骑着马回到自己的家门口。他只在马上作了两首诗，感到很奇怪，就把马牵回去，要还给朋友。

朋友问他为什么要还马？

好朋友说："我从前骑马上朝到回家，可以在马背上作六首诗。现在骑了这匹马从上朝到回家，只作成两首，所以知道这不是好马。"

朋友笑着说："所谓好马，是跑得快的马。你现在只能做成两首诗，不正说明这匹马比你以前的马走得快吗？"

好朋友恍然大悟，又把那匹马牵回了家。

简单回答问题：

1题．好朋友是做什么工作的？
2题．好朋友除了做官，还会做什么？
3题．好朋友骑在马背上来回能作几首诗？
4题．好朋友以前骑的马来回能作几首诗？
5题．为什么这匹马好？
6题．好朋友最后要了这匹马吗？

答案："朋"=8，"马"=16，"好"=11，"上"=6
简答答案：1题．在朝廷里做官。
　　　　　2题．作得一手好诗。
　　　　　3题．两首。
　　　　　4题．六首。
　　　　　5题．比以前的马跑得快。
　　　　　6题．把那匹好马牵回了家。

 **第四项　视觉分辨**　找出横线两边不同的数字

要求：请学生将横线右边与横线左边对应数列中不同的数字划出来。

答案：

627—627	174—177
5931—5031	5698—5968
63485—63458	32570—32576
146870—146370	147921—227911
47621—47021	46832—46632
3698—3986	1125—1125
010—101	590—560

523—532	265—263
6485—4685	3796—3679
28741—28714	45213—45323
384257—384257	670632—760232
73510—73570	13529—13529
2359—2539	9841—9941
388—338	675—567

第五项　听觉记忆　　倒述五字短句

要求：听家长读一个五个字的短句，学生把这个短句倒过来复述。

教材：

明天不上学　我的好朋友　我们来唱歌　大家做游戏　我叫李小明
春眠不觉晓　疑是地上霜　汗滴禾下土　春风吹又生　相煎何太急

答案：

学上不天明　友朋好的我　歌唱来们我　戏游做家大　明小李叫我
晓觉不眠春　霜上地是疑　土下禾滴汗　生又吹风春　急太何煎相

第 12 日评估

项　目	正确率所占比例	效率（高、中、低）	与前次相近题比较（进、退）	情绪
1. 静　坐				
2. 扫视折线				
3. 数出几个指定汉字的数目				
4. 找出横线两边不同的数字				
5. 倒述五字短句				
6. 读倒写的故事				

第 13 日

第三项 听觉集中　数出几个指定数字的数目

要求：家长读数列，学生数出指定数字（"0"，"3"，"5"，"7"）各有几个，并将答案写到训练报告表中。读数列的要求请参见第 1 日第三项。

教材：

00056　81271　45263　56082　77857　71342　75778　96091　73637　17872
14684　40901　22495　34301　46549　58537　10507　92279　68925　89235

答案："0"＝10，"3"＝8，"5"＝12，"7"＝15

第四项 视觉分辨　找出与框外围相反的图

要求：请学生在内框中寻找与框外围相反的图，并把框外图的号数写在框内相应的图旁。

答案：

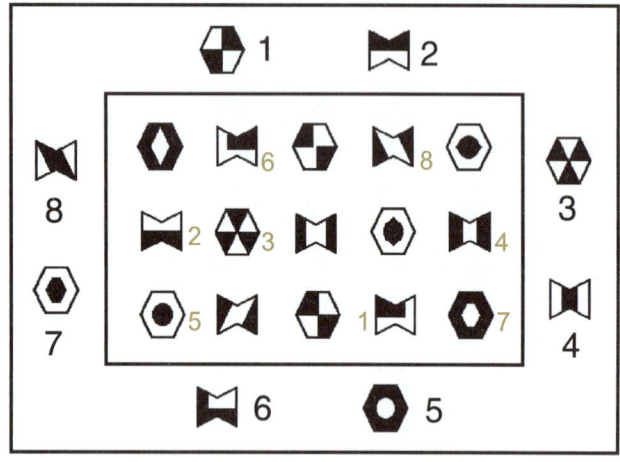

图 1

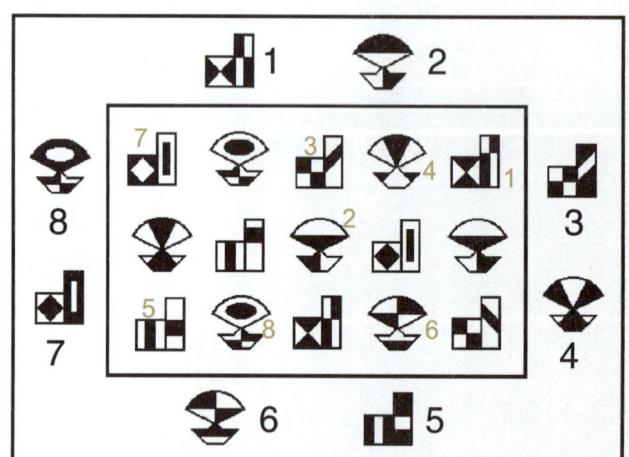

图 2

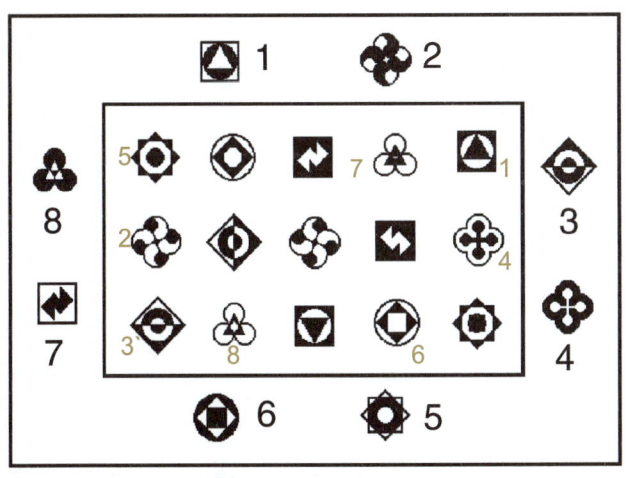

图3

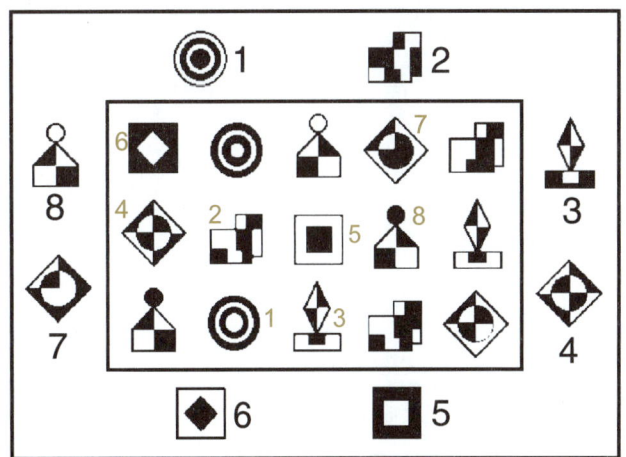

图4

第五项 听觉转移 按词组的分类画符号

要求：家长按顺序读40个词组，当学生听到词组属于"花卉"类时，就在相应的格子内画符号"√"。

教材：

猴子	郁金香	鹅	熊猫	康乃馨	马	羊	大象	老虎	菊花
狮子	家兔	猩猩	河马	百合	长颈鹿	狼	牡丹花	牛	鸭
狐狸	君子兰	鸽子	袋鼠	骡子	睡莲	鸵鸟	野猪	猪	梅花鹿
豹	蛇	驴子	玫瑰	鸡	北极熊	企鹅	斑马	鳄鱼	美人蕉

答案：

1		2	√	3		4	√	5		6		7		8		9		10	√
11		12		13		14	√	15		16		17	√	18		19		20	
21		22	√	23		24		25	√	26		27		28		29		30	
31		32		33		34	√	35		36		37		38		39	√	40	

30天注意力提升（第二阶）

第13日评估

项　　目	正确率 所占比例	效率 （高、中、低）	与前次相近题 比较（进、退）	情　绪
1. 静　坐				
2. 注视一点不动				
3. 数出几个指定数字的数目				
4. 找出与框外围相反的图				
5. 按词组的分类画符号				
6. 口手配合				

第 14 日

第三项　听觉集中　　数出几个指定汉字的数目

要求：家长读故事《谣言的害处》，学生数出指定汉字（"子"，"人"，"了"，"杀"）各有几个。并回答"简答"提问。将答案写到训练报告表中。读故事的要求请参见第2日第三项。

教材：

谣言的害处

有一次，孔子的弟子曾参告别了老母亲，到费城去了。

费城也有个和曾参同名同姓的人，杀死了人。

有人听到这个消息，也不把它弄清楚，就去告诉曾参的母亲说："听说，你的儿子在费城杀死人了。"

曾参的母亲正在织布，听了这消息头也没抬地回答说："我的儿子决不会杀人的！"还是继续安心地织布。

过了一会儿，又有人来告诉她说："你的儿子杀人了。"曾参的母亲仍然没有理睬，稳稳当当地坐着织布。

过了不久，又跑来一个人，同样地说："曾参杀人了！"

听了第三个人的话，曾参的母亲害怕了，立刻丢下手中的梭子，急急忙忙地逃走了。

后来，当然解除了这个误会。

简单回答问题：

1题．曾参是哪个的弟子？

2题．曾参告别老母，到哪国去了？

3题．杀人的是谁？

4题．一共有几个人来告诉曾参的母亲，说曾参杀了人？

5题．听了三个人的话后，曾参的母亲怎么做的？

答案："子"=6，"人"=10，"了"=12，"杀"=5

简答答案：1题．孔子；　2题．费城；　3题．和曾参同名同姓的人；
　　　　　4题．三个人；　5题．急急忙忙地逃走了。

第四项　视觉分辨　找出不同的一个图

要求： 请学生在每行图中寻找出一个与其他图不同的图，并在图上作出标记。注意：此类图形可以旋转着看。

答案：

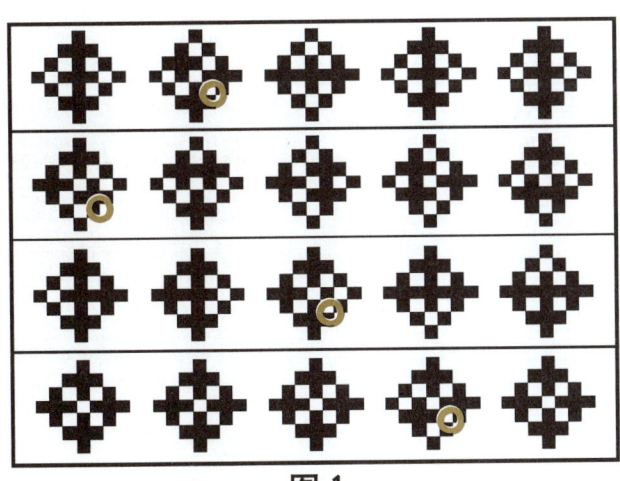

图1

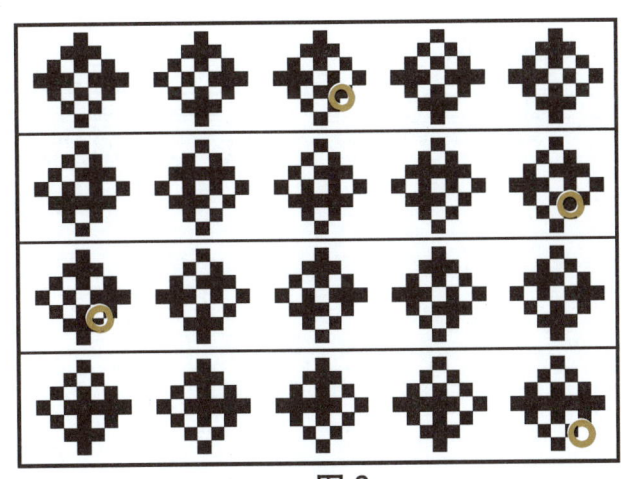

图2

30天注意力提升（第二阶）

第五项　听觉记忆　　听记数列

要求： 家长读数列，学生听完一组数列后在训练报告表中写出一组；然后，再听第二组，再写第二组。不能边听边记。因为此题的数列是由二位数组成，所以家长读题时，在每个二位数之间要稍有一个停顿，以便让学生听清楚。如果学生感觉记忆有难度，家长可以每组数列读两遍。

教材：

1题　23　75　90　08　　　86　42　13　79　　　66　50　21　70
　　　48　07　32　67　　　57　49　05　71　　　04　38　71　65

2题　75　09　41　57　25　　91　06　45　26　24　　83　52　67　48　38
　　　16　21　39　47　52　　65　71　85　93　07　　95　86　75　64　54

第14日评估

项　目	正确率所占比例	效率（高、中、低）	与前次相近题比较（进、退）	情　绪
1. 静　坐				
2. 扫视折线				
3. 数出几个指定汉字的数目				
4. 找出不同的一个图				
5. 听记数列				
6. 读数字				

第 15 日

第三项　听觉集中　　数出几个指定数字的数目

要求：家长读数列，学生数出指定数字（"1"，"5"，"7"，"9"）各有几个，并将答案写到训练报告表中。读数列的要求请参见第1日第三项。

教材：
42019　95611　21290　21960　86403　44181　59813　62977　47713　09960
51870　72113　49999　99837　29780　49951　05973　17328　16096　31859

答案："1"=16，"5"=6，"7"=10，"9"=20

第四项　视觉理解　　组字成句

要求：请学生把几个排列混乱的汉字组成一句符合逻辑的通顺的句子。

答案：
1题．我梦见我飞到了月球上　　　2题．猎豹是跑得最快的动物
3题．我们都要学习法律知识　　　4题．我最爱看的书是西游记
5题．我们班得了唱歌第一名　　　6题．表哥考上了理想的大学
7题．暑假我和堂弟去学游泳　　　8题．表姐去北京参加夏令营
9题．春节我们放了许多鞭炮　　　10题．中秋节的月亮又圆又亮

第五项　听觉分辨　　找出两句话中不同的词组

要求：家长读几题很相近的两句话，学生找出两句话中不同的两对词组。
教材：
1题．●春天，明媚的阳光照耀在大地上。
　　　●春天，和煦的阳光辉映在大地上。

2题．●夏天，大地上百花齐放，姹紫嫣红。

●夏天，大地上百花盛开，万紫千红。

3题．●秋天，金黄的大地一片丰收的景象。

●秋天，金黄的大地一派丰收的气象。

4题．●冬天，漫天雪飘，白茫茫的大地银装素裹。

●冬天，雪花飞舞，白茫茫的大地雪树银花。

5题．●一年有365天，可是我觉得一眨眼就过去了。

●一年有365天，但是我觉得一转眼就过去了。

答案：1题．明媚—和煦，照耀—辉映；

2题．齐放—盛开，姹紫嫣红—万紫千红；

3题．一片——派，景象—气象；

4题．漫天雪飘—雪花飞舞，银装素裹—雪树银花；

5题．可是—但是，眨眼—转眼。

第六项 视觉分辨 — 找出数序表中缺失的数字

要求：请学生表1按正数序1～40，表2按倒数序40～1寻找数序表中缺失的数字，并把缺数写在表下面的空格中。

答案：

表1：

| 3 | 7 | 11 | 17 | 18 | 21 | 24 | 29 | 30 | 38 |

表2：

| 40 | 34 | 32 | 30 | 25 | 22 | 16 | 12 | 7 | 2 |

第15日评估

项 目	正确率所占比例	效率（高、中、低）	与前次相近题比较（进、退）	情 绪
1. 静 坐				
2. 扫视折线				
3. 数出几个指定数字的数目				
4. 组字成句				
5. 找出两句话中不同的词组				
6. 找出数序表中缺失的数字				

听觉训练教材及答案　视觉训练答案

第 16 日

第三项　听觉集中　　数出几个指定汉字的数目

要求：家长读故事《聪明的小汤姆》，学生数出指定汉字（"光"，"想"，"灯"，"他"）各有几个，并回答"简答"提问。将答案写到训练报告表中。读故事的要求请参见第 2 日第三项。

教材：

聪明的小汤姆

一天晚上，小汤姆的妈妈得了急性阑尾炎，疼得豆大的汗珠直往下淌，医生决定马上动手术。

当时还没有电灯，小汤姆家只有一盏煤油灯，这样昏暗的光线，怎么能动手术呢？小汤姆的爸爸和医生都急得不知怎么办好。

这时，小汤姆想：要是能想办法使屋子更亮些，那该多好！想啊想啊，忽然他想起，当他和小朋友们玩"镜子反光"的游戏时，在阳光下用镜子照着玩，不是能反射出更亮的光吗！想到这里，他便跳起来对医生说："叔叔，你快做动手术的准备吧！"

说完，他就飞快地跑到邻居家，向他们借来他店铺里的四面大穿衣镜，放在妈妈床的四周，再在每面镜子前，各放了一盏煤油灯。一下子就把整个屋子照亮了，医生就顺利地为妈妈做完了手术。

大家知道这个小汤姆是谁吗？他就是后来发明电灯的爱迪生。爱迪生一生发明了 3000 多种东西，是世界最大的发明大王。

简单回答问题：

1 题．小汤姆的妈妈得了什么病？

2 题．小汤姆用了什么东西使屋子亮了起来？

3 题．小汤姆想起什么游戏，使他想到了这个方法？

4 题．小汤姆用了几面镜子，放在哪里？

5题. 小汤姆又在镜子前放了什么东西？

6题. 小汤姆是哪位发明家？

7题. 爱迪生一生发明了多少东西？

答案："光"=4，"想"=6，"灯"=4，"他"=7

简答答案：1题. 急性阑尾炎。

2题. 镜子。

3题. "镜子反光"的游戏。

4题. 四面大穿衣镜，放在妈妈床的四周。

5题. 一盏煤油灯。

6题. 爱迪生。

7题. 三千多种东西。

第五项　听觉集中　　记录数列中按数序排列缺失的数字

要求：家长读一个数列，学生认真听，可以边听边将数列中按数序排列缺失的数字写在训练报告表中。

教材：

1题　62、63、64、66、67、68、69、72、73、74、75、76、77、78、81

2题　68、69、71、73、74、75、76、77、79、80、81、83、84、86、87

3题　53、52、51、48、47、46、45、44、42、41、38、37、36、35、34

4题　64、63、62、60、58、57、56、55、53、52、51、49、47、46、45

答案：1题　65、70、71、79、80　　　2题　70、72、78、82、85

3题　50、49、43、40、39　　　4题　61、59、54、50、48

第六项　视觉分辨　　数相同图形的数目

要求：请学生在图中数出相同图形的数目。

答案：

◉	◎	◔	◔
8	16	8	8

第 16 日评估

项　目	正确率 所占比例	效率 （高、中、低）	与前次相近题 比较（进、退）	情　绪
1. 静　坐				
2. 扫视折线				
3. 数出几个指定汉字的数目				
4. 读倒写的成语接龙				
5. 记录数列中按数序排列缺失的数字				
6. 数相同图形的数目				

第 17 日

第三项　听觉集中　　数出几个指定数字的数目

要求：家长读数列，学生数出指定数字（"0"，"3"，"7"，"9"）各有几个，并将答案写到训练报告表中。读数列的要求请参见第 1 日第三项。

教材：

50244　59455　34690　83026　42522　30825　33446　85035　26193　11881
71010　00313　78387　52886　58753　32083　81420　61717　76691　47303

答案："0"=12，"3"=15，"7"=8，"9"=4

30 天注意力提升（第二阶）

 第五项　听觉分辨　　找出三句话中相同的词组

要求：听家长读几题中三句不同内容的话，学生找出每三句话中相同的两个词组。读题的要求请参见第 5 日第五项。

教材：

1 题．● 爷爷送给我一件意想不到的礼物——《辞海》，爷爷一定是想让我成为一个知识渊博的人。
　　● 爸爸的知识很渊博，妈妈总是充满崇拜地说："你爸爸的脑子就像一本辞海，什么都知道。"
　　● 妈妈总是去翻《辞海》，爸爸说："你又不做学问，总翻什么？"妈妈回答："知识渊博些难道不好吗？"我佩服我的妈妈。

2 题．● 家长布置我们写课文的中心思想，我自己想好了，但总得得到妈妈的同意才敢写上去。
　　● 小表弟是姨妈家的中心人物，什么事情都要征得他的同意。我们很看不过去。
　　● 长沙市的中心地点是五一广场，这是经过市民同意后决定的。

3 题．● 姐姐的手指非常有力，弹钢琴的力度正好，这是老师告诉我们的。
　　● 那天，看见一个弹棉花的人来，我赶紧告诉了妈妈。妈妈请他给我家弹了两张棉胎。
　　● 哥哥用力弹我的脑袋，很疼。我去告诉了奶奶。

4 题．● 不论北方还是南方，天热时，家家都把凉席铺在床上，可以凉快很多。
　　● 一个北方人冬天到南方看见家家还都铺的是凉席，大大吃了一惊。
　　● 我国的北方比较冷，南方比较热，这是大家都知道的常识。

答案： 1 题．辞海，渊博。
　　　　2 题．中心，同意。
　　　　3 题．弹，告诉。
　　　　4 题．北方，南方。

第六项　听觉分辨　　找出横线两边不同的数字

要求：请学生将横线右边与横线左边对应数列中不同的数字划出来。

答案：

3346699—33**44**6**6**9	5698714—569874**1**
6935078—**9653**087	8543197—854319**9**
0653196—0653196	7541326—7541**23**6
3296547—329**5**647	2345687—23456**78**
1256379—12563**97**	2565448—256548**8**
9784561—9784561	0668525—066**2**58**5**
4781263—4783**21**6	3255665—32**66555**
6985412—69854**21**	9854251—9854251
1342956—1**234**956	9047185—90**74158**
4079381—4**0**8**7**381	5961828—5**691281**
7896544—789652**2**	1542687—15426**78**
1942123—19**24321**	9357045—9**5**5705**4**
7384095—7**483**096	3305724—330**7542**
3715860—3715860	6420975—6420977
5490073—540**9**073	2938475—29**83745**
8280746—82**08764**	1928576—19**82567**

第 17 日评估

项 目	正确率 所占比例	效率 （高、中、低）	与前次相近题 比较（进、退）	情绪
1. 静　坐				
2. 扫视折线				
3. 数出几个指定数字的数目				
4. 读数字				
5. 找出三句话中相同的词组				
6. 找出横线两边不同的数字				

第 18 日

 **第三项 听觉集中** 数出几个指定汉字的数目

要求：家长读故事《黑点和白点》，学生数出指定汉字（"一"，"点"，"黑"，"们"）各有几个，并回答"简答"提问。将答案写到训练报告表中。读故事的要求请参见第 2 日第三项。

教材：

黑点和白点

一位老师走进教室，他先拿出一张画有一个黑点的白纸，问他的学生："孩子们，你们看到了什么？"学生们盯住了黑点，齐声喊道："一个黑点。"

"难道你们谁也没有看到这张白纸吗？眼光集中在黑点上，黑点会越来越大。生活中可不要这样啊！"老师教导说。

教室里鸦雀无声。老师又拿出一张黑纸，中间有一个白点。他问："孩子们，你们又看到了什么？"学生们齐声回答："一个白点。"老师高兴地笑了，"孩子们，太好了，无限美好的未来在等着你们。"

简单回答问题：

1 题．第一次老师拿出的是画着什么点的什么纸？

2 题．第一次学生们回答的是什么？

3 题．第二次老师拿出的是画着什么点的什么纸？

4 题．第二次学生们回答的是什么？

5 题．当学生们说看到一个白点时，老师怎样表现的？

答案： "一"=7，"点"=9，"黑"=7，"们"=9

简答答案： 1 题．画有一个黑点的白纸。

2 题．"一个黑点"。

3 题．有一个白点的一张黑纸。

听觉训练教材及答案　视觉训练答案

4题．"一个白点"。

5题．家长高兴地笑了。

第四项　视觉分辨　　找出几个与标准图相同的图

要求：请学生在图中寻找与上面标准图相同的图，并在图上做出标记。

答案：

图1

图2

图3

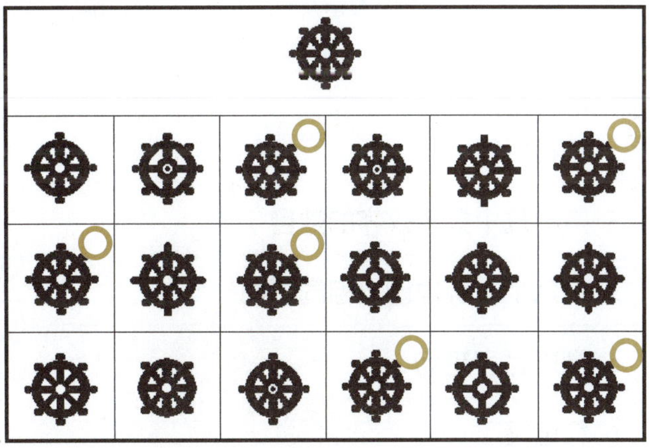

图4

第五项　听觉记忆　　倒述七字短句

要求：家长读一个七个字的短句，学生把这个短句倒过来复述。

教材：

我是三年级学生　　　　老师今天真好看　　　　李童明天过生日

30天注意力提升（第二阶）

| 不知庐山真面目 | 笑问客从何处来 | 葡萄美酒夜光杯 |

答案：

| 生学级年三是我 | 看好真天今师老 | 日生过天明童李 |
| 目面真山庐知不 | 来处何从客问笑 | 杯光夜酒美萄葡 |

 ## 第六项　视觉理解　句组段

要求：请学生按照逻辑关系，将给出的几句话编成一篇通顺的小文章。在每句话后面的括号内填上正确的顺序号，再把各句话后的顺序号从上到下写到训练报告表中。

答案：

1题．7——2——4——6——3——1——5

2题．4——6——3——2——5——1——7

3题．2——1——3——6——7——4——5

第18日评估

项　目	正确率所占比例	效率（高、中、低）	与前次相近题比较（进、退）	情　绪
1. 静　坐				
2. 扫视折线				
3. 数出几个指定汉字的数目				
4. 找几个与标准图出相同的图				
5. 倒述七字短句				
6. 句组段				

第 19 日

第三项　听觉集中　　数出几个指定数字的数目

要求：家长读数列，学生数出指定数字（"1"，"4"，"6"，"7"）各有几个，并将答案写到训练报告表中。读数列的要求请参见第 1 日第三项。

教材：

59825　34904　28755　46873　11595　62863　88235　37875　93751　95778
18577　80532　17122　68066　13001　92787　66111　95909　21642　01989

答案："1" =13，"4" =4，"6" =9，"7" =12

第四项　视觉分辨　　找出数序表中缺失的数字

要求：请学生表 1 按正数序 1～40，表 2 按倒数序 40～1 寻找数序表中缺失的数字，并把缺数写在表下面的空格中。

答案：

表 1：

1	4	7	10	23	27	30	31	35	37

表 2：

36	32	31	27	9	8	6	5	4	3

第五项　听觉转移　　按词组的分类画符号

要求：家长按顺序读 40 个词组，当学生听到词组属于"乐器"类时，在相应的格子内画符号"√"。

教材：

大衣　　国际象棋　皮鞋　　高尔夫球　T恤衫　电子琴　古筝　吉他　裤子　锣鼓
羽绒服　排球　　　网球拍　衬衫　　　草帽　　萨克斯　套鼓　裙子　拖鞋　钢琴
运动服　足球　　　围棋　　手风琴　　西装　　小号　　领带　运动鞋　琵琶　篮球
网球　　凉鞋　　　乒乓球拍　大提琴　象棋　　二胡　　笛子　睡衣　小提琴　礼帽

答案：

1	2	3	4	5 √	6 √	7 √	8	9 √	10
11	12	13	14	15 √	16 √	17	18	19 √	20
21	22	23 √	24	25 √	26	27	28 √	29	30
31	32	33 √	34	35 √	36 √	37	38 √	39	40

第六项　视觉集中　　读汉语拼音

要求：学生集中注意读汉语拼音，争取又正确又快速。

答案：

妞妞和牛

路那边走来穿着绿袄的女娃叫妞妞，手里拿着赶牛的小鞭拉着小牛往南走。小牛东扭西扭、拧来拧去不肯往南走。恼得妞妞又捏又拧小牛的肉："你怎么这么拧，等我回去拉来奶奶，看她能不能让你往南走。"

第 19 日评估

项　目	正确率所占比例	效率（高、中、低）	与前次相近题比较（进、退）	情　绪
1. 静　坐				
2. 扫视折线				
3. 数出几个指定数字的数目				
4. 找出数序表中缺失的数字				
5. 按词组的分类画符号				
6. 读汉语拼音				

第 20 日

第三项　听觉集中　数出几个指定汉字的数目

要求：家长读故事《猫和碟子》，学生数出指定汉字（"子"，"猫"，"小"，"我"）各有几个，并回答"简答"提问。将答案写到训练报告表中。读故事的要求请参见第2日第三项。

教材：

猫和碟子

巴黎古董收藏家安达利先生下乡搜集古董，他在一个农夫家发现一个中世纪时期的古董小碟子。主人却用它在给猫喝牛奶。

安达利惊喜极了，便问那位农夫："您这只小猫可真漂亮。我真想给我的小儿子买下来，那他准会高兴透了。您同意卖吗？"

"当然，你如果非常想买的话。"

安达利付了一大笔钱之后，说："这小猫一定习惯于用这只旧碟子喝奶，我可以把这只小碟子也一块拿走吗？"

"那可不行，先生。"农夫嚷道，"您把碟子放下吧，它使我两天之内卖掉了六只小猫。"

简单回答问题：

1题.安达利先生在农夫家发现了什么？

2题.安达利先生说要给谁买小猫？

3题.农夫卖不卖他的碟子？

4题.农夫在两天内卖掉了几只小猫？

5题.农夫用什么东西引诱别人来买他的小猫？

答案："子"=6，"猫"=5，"小"=6，"我"=4

简答答案：1题．古董小碟子。
2题．他的小儿子。
3题．不卖。
4题．六只小猫。
5题．小碟子。

第五项 听觉记忆　听记数列

要求：家长读数列，学生听完一组数列后在训练报告表中写出数列；然后，再听第二组，再写第二组。不能边听边记。因为此题的数列是由二位数组成，所以家长读题时，在每个二位数之间要稍有一个停顿，以便学生听清楚。读题方法参照第14日第五项。

教材：

1题　78　31　59　24　86　　　90　47　65　24　38　　　35　48　57　63　71

　　　81　75　67　52　41

2题　31　96　25　86　33　71　　　47　52　29　37　68　71

　　　14　99　27　84　34　79　　　44　60　53　19　28　02

第20日评估

项　目	正确率所占比例	效率（高、中、低）	与前次相近题比较（进、退）	情　绪
1. 静　坐				
2. 注视一点不动				
3. 数出几个指定汉字的数目				
4. 读倒写的成语接龙				
5. 听记数列				
6. 按数序在图中找到各数				

听觉训练教材及答案　视觉训练答案

第 21 日

第三项　听觉集中　　数出几个指定数字的数目

要求：家长读数列，学生数出指定的两位数字（"36"，"79"，"21"，"62"）各有几个，并将答案写到训练报告表中。读数列的要求请参见第 1 日第三项。

教材：

98336　79362　14365　62436　86221　39794　63652　14736　19070　21798
67943　62279　05362　12136　79217　97923　62679　21836　36794　62136

答案："36"＝13，"79"＝9，"21"＝9，"62"＝6

第四项　视觉集中　　读汉语拼音

要求：请学生集中注意读汉语拼音，争取又正确又快速。
答案：

我们大家做事情

1. 沙沙擦桌子，四四吃柿子。
2. 柱柱炸包子，松松捉虫子。
3. 卓卓搓鼻子，草草炒栗子。
4. 芝芝撕纸纸，素素说故事。
5. 珠珠送鞋子，三三采树籽。
6. 忠忠吃粽子，森森吹笛子。
7. 珍珍扎辫子，泽泽追兔子。
8. 山山拿斧子，宗宗拉车子。
9. 哲哲站椅子，思思摘桃子。
10. 春春剥蒜子，岑岑用叉子。
11. 战战搓绳子，灿灿使锤子。
12. 辰辰写字字，萃萃唱歌子。

30 天注意力提升（第二阶）

 **第五项　听觉分辨**　　**找出两句话中不同的词组**

要求：家长读几题很相近的两句话，学生找出两句话中不同的两对词组。

教材：

1题．● 春天，小草悄悄地钻出了地面，沉睡了一个冬天的青蛙也跳出了池塘。
　　　● 春天，小草偷偷地钻出了地面，安睡了一个冬天的青蛙也跳出了荷塘。

2题．● 夏天，五颜六色的花朵盛开在草地上，天气闷热，青蛙躲在荷叶下打着瞌睡。
　　　● 夏天，五颜六色的鲜花盛开在草地上，天气酷热，青蛙藏在荷叶下打着瞌睡。

3题．● 秋天，金黄色的树叶飘落了一地，各种果实都成熟了，农民伯伯在忙碌地收获。
　　　● 秋天，金黄色的树叶落下了一地，各种果实都长熟了，农民伯伯在辛苦地收获。

4题．● 冬天，寒冷的北风吹着，漫天大雪覆盖着大地，只有梅花还在傲然地开放。
　　　● 冬天，刺骨的寒风吹着，漫天大雪覆盖着大地，只有梅花还在骄傲地开放。

答案：1题．悄悄—偷偷，沉睡—安睡，池塘—荷塘；
　　　2题．花朵—鲜花，闷热—酷热，躲—藏；
　　　3题．飘落—落下，成熟—长熟，忙碌—辛苦；
　　　4题．寒冷—刺骨，北风—寒风，傲然—骄傲。

 第六项　视觉分辨　　**数相同图形的数目**

要求：请学生在图中数出相同图形的数目。

答案：

☿	♂	♁	♀
8	8	13	11

第21日评估

项　目	正确率 所占比例	效率 （高、中、低）	与前次相近题 比较（进、退）	情　绪
1. 静　坐				
2. 扫视曲线				
3. 数出几个指定数字的数目				
4. 读汉语拼音				
5. 找出两句话中不同的词组				
6. 数相同图形的数目				

第 22 日

第三项　听觉集中　　数出几个指定汉字的数目

要求：家长读故事《送给妹妹的鞋》，学生数出指定汉字（"小"，"一"，"妹"，"鞋"）各有几个，并回答"简答"提问。将答案写到训练报告表中。读故事的要求请参见第2日第三项。

教材：

送给妹妹的鞋

小汤姆积极地参加学校举行的长跑比赛。他想要得第三名，因为第三名的奖品是一双小鞋子，他可以把这双小鞋子送给妹妹。这样妹妹每天就不必光着脚去上学了。

小汤姆信心百倍，每当他想着妹妹穿着鞋子去上学时高兴的样子，心里就觉得无比幸福。

在赛跑的时候，小汤姆一不小心摔倒了。可是，当他想到要为妹妹赢得那双鞋时，立刻就爬起来，拼命地冲上前去。没想到，他居然得了第一名。

领奖的时候，第一名的奖品是一个奖杯，并且还得到和校长一起合影的殊荣。

但是小汤姆难过极了,他为没有能够给妹妹挣到鞋子流下了伤心的眼泪。

简单回答问题:

1题.小汤姆参加比赛,想要得第几名?

2题.第三名的奖品是什么?

3题.小汤姆想把鞋子送给谁?

4题.小汤姆摔倒又爬起来后,跑了第几名?

5题.第一名的奖品是什么?

6题.小汤姆为什么哭了?

答案:"小"=6,"一"=6,"妹"=12,"鞋"=6

简答答案:1题.第三名。

2题.一双小鞋子。

3题.妹妹。

4题.第一名。

5题.一个奖杯,还和校长一起合影。

6题.因为没有为妹妹挣到鞋子。

第四项　视觉分辨　　找出几个与标准图相同的图

要求:请学生在图中寻找与上面标准图相同的图,并在图上做出标记。

答案:

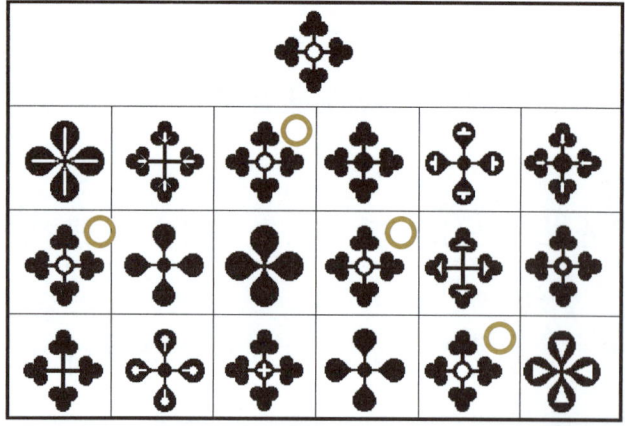

图1

图2

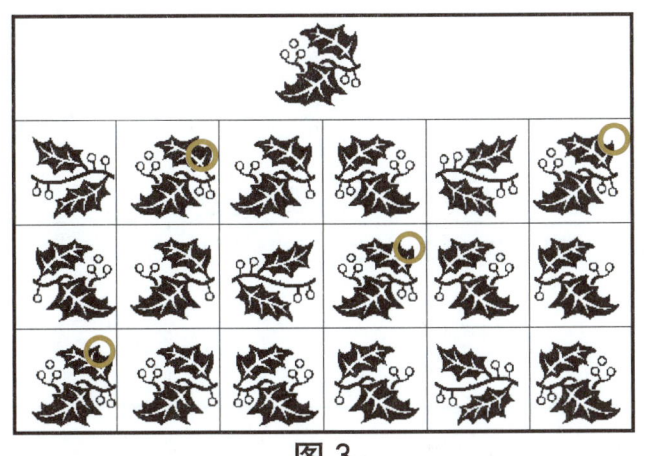

图 3

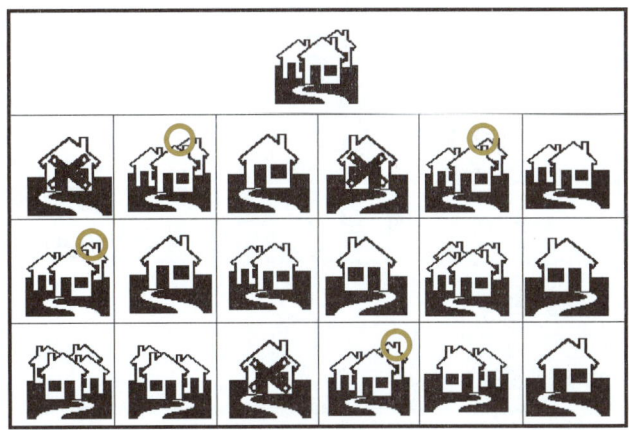

图 4

第五项　听觉集中　　记录数列中按数序排列缺失的数字

要求：家长读一个数列，学生认真听，可以边听边将数列中按数序排列缺失的数字写在训练报告表中。

教材：

1 题　42、43、45、46、47、48、49、51、53、54、55、56、57、58、59、62、63、64、65、66

2 题　76、78、79、82、83、84、85、86、87、88、89、91、93、94、95、96、97、98、99、100

3 题　82、81、80、78、77、76、75、73、72、71、68、67、66、65、64、63、62、61、59、58

4 题　100、99、98、97、95、94、93、92、91、90、87、86、85、84、83、82、81、79、77、76

答案：1 题　44、50、52、60、61　　2 题　77、80、81、90、92
　　　3 题　79、74、70、69、60　　4 题　96、89、88、80、78

第六项　视觉理解　　句组段

要求：请学生按照逻辑关系，将给出的几句话编成一篇通顺的小文章。在每句话后面的括号内填上正确的顺序号，再把各句话后的顺序号从上到下写到训练报告表中。

答案：

1 题．4——1——6——3——5——2

2 题．7——2——3——6——1——4——8——5

30天注意力提升（第二阶）

3题. 2——4——3——1——6——7——5——8

第22日评估

项 目	正确率 所占比例	效率 （高、中、低）	与前次相近题 比较（进、退）	情 绪
1. 静　坐				
2. 扫视曲线				
3. 数出几个指定汉字的数目				
4. 找出几个与标准图相同的图				
5. 记录数列中按数序排列缺失的数字				
6. 句组段				

第23日

 第三项　听觉集中　　数出几个指定数字的数目

要求：家长读数列，学生数出指定的两位数字（"57"，"35"，"14"，"26"）各有几个，并将答案写到训练报告表中。读数列的要求请参见第1日第三项。

教材：

01457　81471　45263　56082　67857　71352　65778　26095　72635　14572
14614　40901　42695　74351　43526　57535　14570　92579　68935　89235

答案："57"=9，"35"=8，"14"=9，"26"=6

第四项　视觉分辨　　数相同图形的数目

要求：请学生在图中数出相同图形的数目。

听觉训练教材及答案　视觉训练答案

答案：

▲	▲	▶	⋈
7	11	11	11

第五项　听觉分辨　找出三句话中相同的词组

要求：家长读几题中三句不同内容的话，学生找出每三句话中相同的三个词组。读题的要求请参见第5日第五项。

教材：

1题．●陆菲考虑问题总是很犹豫，很难当机立断地决定什么。
　　●爷爷考虑问题很果断，毫不犹豫，很快就能够做出决定。
　　●我家的猫看见老鼠都要考虑要不要去捉，犹豫很久，决定不了，结果老鼠就跑了。

2题．●善良的七个小矮人十分同情白雪公主，帮助安排好她的生活。
　　●奶奶很善良，特别同情那些生活困难的人，经常去帮助他们。
　　●那些犯罪的青少年，大都是不善良、缺乏同情心的人，他们绝少帮助别人，而只是想去索取。

3题．●小猴子上课总是打哈欠，小象上课精神抖擞，小老鼠却总是趴在书桌上。
　　●爸爸打着哈欠对妈妈说："都几点了，还这么精神抖擞地趴在桌子上写什么？快睡觉吧！"
　　●哈欠虫就是在最精神抖擞时，也是打着哈欠的。难怪它趴在树叶上打着哈欠唱歌时，别人总是以为它睡着了。

答案：1题．考虑，决定，犹豫。
　　　　2题．同情，善良，帮助。
　　　　3题．哈欠、精神抖擞、趴。

第 23 日评估

项　目	正确率所占比例	效率（高、中、低）	与前次相近题比较（进、退）	情　绪
1. 静　坐				
2. 扫视曲线				
3. 数出几个指定数字的数目				
4. 数相同图形的数目				
5. 找出三句话中相同的词组				
6. 填写缺失的数字				

第 24 日

第三项　听觉集中　数出几个指定汉字的数目

要求：家长读故事《渡河》，学生数出指定汉字（"人"，"他"，"河"，"来"）各有几个。并回答"简答"提问。将答案写到训练报告表中。读故事的要求请参见第 2 日第三项。

教材：

渡　河

有一个人出外旅行，来到一条水流湍急的河边，他站在那里束手无策。有一个住在附近的人，看到他遭遇困难，就走过来，很爽快地把他扛在肩上，送到对岸。

由于这个人没什么钱，不能给那个好心人适当的报酬。他站在河边，觉得很过意不去。但正当他这样想时，看到那个人又回到对岸，继续把不能过河的人送了过来。

于是，他走到那个人身边说："现在我已经不再感激你了。根据我的观察，

听觉训练教材及答案　视觉训练答案

你有帮助任何人渡河的癖好。"

可当他回来的时候,那人把他放在河中间,不顾他的喊叫,就大步走了。

简单回答问题:

1题.出外旅行的人是如何到的河对岸?

2题.那个送他过河的人是不是又送了别的人过河?

3题.那个送他过河的人是不是有帮助人过河的癖好?

4题.即使那个送他过河的人有帮助人过河的癖好,应该不应该感激他?

5题.出外旅行的人回来过河时,送他过河的人把他放在了哪里?

答案:"人"=9,"他"=9,"河"=6,"来"=4

简答答案:1题.被人扛在肩上,送到对岸。

　　　　　2题.是。

　　　　　3题.不是。

　　　　　4题.应该。

　　　　　5题.放在河中间。

 **第四项　视觉分辨**　　找出数序表中缺失的数字

要求: 请学生表1按正数序1～50,表2按倒数序50～1寻找数序表中缺失的数字,并把缺数写在表下面的空格中。

答案:

表1:

13	18	20	25	26	36	43	45

表2:

49	41	39	32	23	8	6	2

 **第五项　听觉转移**　　按词组的分类画符号

要求: 家长按顺序读40个词组,当学生听到词组属于"鸟类"时,在相应的格子内写数字"1";词组属于"昆虫"类时,在相应的格子内写数字"2"。

教材:

61

30 天注意力提升（第二阶）

海豚	蚊子	苍蝇	喜鹊	鲸鱼	孔雀	杜鹃	海豹	黄雀	老鹰
甲虫	蜻蜓	海象	鲨鱼	天鹅	燕子	蜜蜂	海龟	螳螂	金龟子
蟋蟀	海葵	海蛇	麻雀	布谷鸟	鹈鹕	大雁	秃鹫	黄莺	海狮
蟑螂	鸳鸯	海带	啄木鸟	夜莺	蚂蚁	仙鹤	萤火虫	知了	蝴蝶

答案：

	1	2	2	2	3	1	4		5	1	6	1	7		8	1	9	1	10
2	11	2	12		13		14	1	15	1	16	2	17		18	2	19	2	20
2	21		22		23	1	24	1	25	1	26	1	27	1	28	1	29		30
2	31	1	32		33	1	34	1	35	2	36	1	37	2	38	2	39	2	40

第 24 日评估

项 目	正确率 所占比例	效率 （高、中、低）	与前次相近题 比较（进、退）	情 绪
1. 静　坐				
2. 扫视曲线				
3. 数出几个指定汉字的数目				
4. 找出数序表中缺失的数字				
5. 按词组的分类画符号				
6. 填写缺失的汉字				

听觉训练教材及答案　视觉训练答案

第 25 日

第三项　听觉集中　　数出几个指定数字的数目

要求：家长读数列，学生数出指定的两位数字（"19"，"12"，"56"，"87"）各有几个，并将答案写在训练报告表中。读数列的要求请参见第1日第三项。

教材：

12019　95619　21290　21960　56403　44121　56812　61987　48712　01956
56878　72123　41919　19873　19870　41956　05873　12328　12056　31856

答案："19"=10，"12"=8，"56"=8，"87"=7

第四项　视觉分辨　　数相同图形的数目

要求：请学生在图中数出相同图形的数目。

答案：

⊠	⊠	⊠	⊠
11	8	8	13

第五项　听觉分辨　　找出两句话中不同的词组

要求：家长读几题很相近的两句话，学生找出两句话中不同的三对词组。

教材：

1题．● "司马光砸缸"救小朋友的故事是中国世人皆知的故事。
　　　● "司马光砸缸"救小伙伴的事情是中国世人皆知的传说。

2题．● 小猴子很聪明，它读过很多故事书，它说自己就是"西游记"中的"孙悟空"。

- 小猴子很能干，它读过很多童话书，它说自己就是"西游记"中的"齐天大圣"。

3题．
- "知之者不如好知者，好知者不如乐知者。"是孔夫子告诉后人如何摆正学习心态的道理。
- "知之者不如好知者，好知者不如乐知者。"是孔夫子教导我们如何摆正学习心态的学问。

4题．
- 中秋节的月儿明明的，月饼圆圆的，小朋友的心甜滋滋的。
- 中秋节的月亮明明的，月饼甜甜的，小朋友的心美滋滋的。

答案：1题．小朋友—小伙伴，故事—事情，故事—传说。
2题．聪明—能干，故事—童话，孙悟空—齐天大圣。
3题．告诉—教导，后人—我们，道理—学问。
4题．月儿—月亮，圆圆—甜甜，甜—美。

第25日评估

项 目	正确率所占比例	效率（高、中、低）	与前次相近题比较（进、退）	情 绪
1. 静 坐				
2. 扫视曲线				
3. 数出几个指定数字的数目				
4. 数相同图形的数目				
5. 找出两句话中不同的词组				
6. 填写缺失的汉语拼音				

第 26 日

第三项　听觉集中　数出几个指定汉字的数目

要求：家长读故事《赏罚分明》，学生数出指定汉字（"两"，"失"，"银"，"人"）各有几个，并回答"简答"提问。将答案写到训练报告表中。读故事的要求请参见第2日第三项。

教材：

赏罚分明

从前，有个农夫从山里打柴回来，在路上拣了五十两银子。他再三呼叫，但是没人认领。农夫惟恐失主着急，就在原地等候失主。

不一会儿，一个人慌里慌张地走来，农夫问明了这就是失主，就将五十两银子交还给他。失主接过银子，又起了诈骗之心，硬说自己丢了一百两银子，是农夫隐瞒了五十两。二人争论不休，扭至县衙门评理。

县官询问了经过后，宣判说："失主丢失银子一百两，拣银子的人只拣到五十两，可见所拾的银两一定是别人丢失的。拾金不昧的农夫应该奖励二十两，剩下的本县代为保管，待失主前来认领。"

丢失银子的人无话可说，只好懊丧地离去。

简单回答问题：

1题．拣银子的农夫怕失主着急，他怎么做的？

2题．失主说自己丢了多少银子？

3题．失主说自己丢了一百两银子，他想要干什么？

4题．县官宣判说这五十两银子是不是这个失主的？

5题．县官奖励了农夫多少两银子？

6题．真正的失主有什么办法吗？

答案："两"=8，"失"=9，"银"=8，"人"=6
简答答案：1题．等候失主。

2题．一百两。

3题．诈骗。

4题．不是。

5题．二十两。

6题．无话可说。

第四项　视觉分辨　　找出数序表中缺失的数字

要求：请学生表1按正数序1～50，表2按倒数序50～1寻找数序表中缺失的数字，并把缺数写在表下面的空格中。

答案：

表1：

2	4	21	27	32	35	40	47

表2：

48	35	29	16	10	7	5	1

第五项　听觉分辨　　找出三句话中相同的词组

要求：家长读几题中三句不同内容的话，学生找出每三句话中相同的三个词组。读题的要求请参见第5日第五项。

教材：

1题．●表哥爱上网聊天，一聊上天，就没有了时间观念，有时能聊一整夜。

●妈妈忙得没有时间聊天，有时她也感慨地说："其实我也很爱聊天，可惜没有时间。"

●爷爷和他的老朋友们特别爱聊天，一聊就是大半天。聊完了还说："时间怎么过得这么快呀？什么都还没说呢，天就黑了。"

2题．●童话里的那位神奇的外星人其实也向往着过地球人的生活。

●小凡爱看童话故事，看完总是向往着自己能够变成一个神奇的人。

●爷爷和奶奶都爱看卡通片，别人都问他们为什么喜欢。他们笑着说童话是一种人们向往的境界，既神奇又充满了真善美。

3题．●妈妈从提包里拿出"先进工作者"奖状，小心地放在桌子上。看得出她很开心。

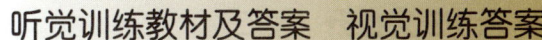

听觉训练教材及答案　视觉训练答案

- 家长让班长把运动会班里得的集体奖状贴在墙上；"小心点贴，开心归开心。别搞坏了！"
- 看着房间里墙壁上贴的一排"三好学生"奖状，爷爷、奶奶笑得那么开心，奶奶还小心地用手去摸了摸。

答案：1题．爱，聊天，时间。
　　　2题．童话，向往，神奇。
　　　3题．奖状，小心，开心。

第26日评估

项　目	正确率 所占比例	效率 （高、中、低）	与前次相近题 比较（进、退）	情　绪
1. 静　坐				
2. 扫视曲线				
3. 数出几个指定汉字的数目				
4. 找出数序表中缺失的数字				
5. 找出三句话中相同的词组				
6. 读倒写的故事				

第 27 日

 **第三项　听觉集中**　数出几个指定数字的数目

要求：学生听家长读数列，数出指定的两位数字（"45"，"71"，"83"，"69"）各有几个，并将答案写到训练报告表中。读数列的要求请参见第1日第三项。

教材：
50244　59455　34690　83026　94526　90838　33456　45835　27697　11871
71071　69713　71834　52834　58453　32083　83450　69717　16691　47169

答案:"45"=9,"71"=9,"83"=8,"69"=8

第四项 视觉分辨　　数相同图形的数目

要求:请学生在图中数出相同图形的数目。

答案:

☹	☺	🌙	😐
10	14	14	16

第五项 听觉转移　　按词组的分类画符号

要求:家长按顺序读40个词组,当学生听到词组属于"野生动物"时,在相应的格子内写数字"1";词组属于"家养动物"类时,在相应的格子内写数字"2"。

教材:

猴子	郁金香	鹅	熊猫	康乃馨	马	羊	大象	老虎	菊花
狮子	家兔	猩猩	河马	百合	长颈鹿	狼	牡丹花	牛	鸭
狐狸	君子兰	鸽子	袋鼠	骡子	睡莲	鸵鸟	野猪	猪	梅花鹿
豹	蛇	驴子	玫瑰	鸡	北极熊	企鹅	斑马	鳄鱼	美人蕉

答案:

1	1		2	2	3	1	4		5	2	6	2	7	1	8	1	9		10
1	11	2	12	1	13	1	14		15	1	16	1	17		18	2	19	2	20
1	21		22	2	23	1	24	2	25		26	1	27	1	28	2	29	1	30
1	31	1	32	2	33		34	2	35	1	36	1	37	1	38	1	39		40

听觉训练教材及答案　视觉训练答案

第 27 日评估

项　目	正确率 所占比例	效率 （高、中、低）	与前次相近题 比较（进、退）	情　绪
1. 静　坐				
2. 扫视曲线				
3. 数出几个指定数字的数目				
4. 数相同图形的数目				
5. 按词组的分类画符号				
6. 填写缺失的数字				

第 28 日

 **第三项　听觉集中**　　数出几个指定汉字的数目

要求：家长读故事《小羊和骆驼》，学生数出指定汉字（"草"，"小"，"水"，"的"）各有几个，并回答"简答"提问。将答案写到训练报告表中。读故事的要求请参见第 2 日第三项。

教材：

小羊和骆驼

小羊和骆驼在山泉边相遇，山泉边有很多大的山石，上面还长着很多青草。骆驼把脖子伸长，想去畅饮一顿那清甜的泉水，但却被那些怪石挡住而喝不到。

"咩——咩——"小羊早已喝足了泉水。他抖落了嘴上的水珠，得意地嘲笑骆驼："瞧你那蠢笨的身体，那么大。你哪会有喝这样好的泉水的福气！"

骆驼想说什么，但什么话也没说，就又踏上了山路。

走着走着，迎面看到的是一面陡峭的岩壁。山崖上长着嫩绿的青草，看着都要流下口水来。已经感觉饿了的小羊赶紧纵身跳起，想要够下大把的青草来

进餐。但是因为小羊太矮，够不到，他就只好站在那里失望地抬头张望。

骆驼悠然地伸长脖子，咬了一把鲜嫩的青草递给了小羊，并且说："记住吧，聪明的小弟弟。不要用自己小小的长处，去讥笑别人的短处。"

小羊羞愧地低下了头，把骆驼的话认真地记在了心里。

简单回答问题：

1题．骆驼喝到了泉水吗？

2题．小羊怎样对待没有喝到水的骆驼？

3题．小羊为什么够不到山崖上的青草？

4题．骆驼咬了把鲜嫩的青草给了谁？

5题．小羊记住了骆驼的话吗？

答案："草"=4，"小"=10，"水"=5，"的"=16

简答：1题．没有；

2题．得意地嘲笑骆驼；

3题．因为小羊太矮；

4题．小羊；

5题．认真地记在了心里。

第五项　听觉分辨　找出两句话中不同的词组

要求： 家长读几题很相近的两句话，学生找出两句话中不同的三对词组。

教材：

1题．● 天上的云朵有时像绵羊，有时像奔跑的马，有时又像大海的波浪。

● 天上的云朵有时像棉花，有时像奔跑的鹿，有时又像大海的浪花。

2题．● 我不喜欢弹钢琴，所以总是找理由偷懒，搞得妈妈很生气。

● 我不愿意弹钢琴，所以经常找理由偷懒，搞得妈妈很伤心。

3题．● 读大学的堂哥是我的榜样，爷爷不断地督促我要向他学习。

● 读大学的堂哥是我的楷模，爷爷不断地教导我要向他看齐。

4题．●华华的功课好，足球也踢得很出色，大家都很羡慕他。

●华华的成绩好，足球也踢得很漂亮，大家都很敬佩他。

答案：1题．绵羊—棉花，马—鹿，波浪—浪花；

2题．喜欢—愿意，总是—经常，生气—伤心；

3题．榜样—楷模，督促—教导，学习—看齐；

4题．功课—成绩，出色—漂亮，羡慕—敬佩。

第28日评估

项　目	正确率所占比例	效率（高、中、低）	与前次相近题比较（进、退）	情　绪
1. 静　坐				
2. 扫视曲线				
3. 数出几个指定汉字的数目				
4. 按数序在图中找到各数				
5. 找出两句话中不同的词组				
6. 填写缺失的汉字				

第29日

第三项　听觉集中　　数出几个指定数字的数目

要求：家长读数列，学生数出指定的两位数字（"87"，"56"，"90"，"13"）各有几个，并将答案写到训练报告表中。读数列的要求请参见第1日第三项。

教材：

56821　34904　28755　66873　13565　62871　38735　67875　90569　05687

18756　90562　13132　68756　19001　39787　56131　35909　95642　90187

答案:"87"=10,"56"=12,"90"=7,"13"=8

 **第四项　视觉分辨**　数相同图形的数目

要求:请学生在图中数出相同图形的数目。

答案:

∃	月	日	目	E
15	10	9	10	10

 第五项　听觉分辨　找出三句话中相同的词组

要求:家长读几题中三句不同内容的话,学生找出每三句话中相同的三个词组。读题的要求请参见第5日第五项。

教材:

1题. ●外婆总是批评妈妈:"你说话要乖巧些,尤其是求人的事。这样人家才不忍心不帮你。"

●小狗很乖巧,看见谁吃东西都要站起来作揖,以便求人给它,搞得大家都不忍心不给它吃。

●妹妹一副惹人怜爱的样子,凡是求人的事,没有人能够忍心不帮她,因为她还是个很乖巧的孩子。

2题. ●童欣是个成绩好得令人羡慕的好学生,家长说他所以成绩好,主要是因为他的专注。

●爸爸看书时非常专注,叫他都听不见,这让我很羡慕他。奶奶说,因为这个好习惯,爸爸学习和工作的成绩一直都特别突出。

●弟弟只是在看电视时,才能够专注。为此,叔叔不让他看电视,说除非他的学习成绩能够提高。所以,他总是很羡慕能够看电视的同学。

3题. ●小狗得到一根骨头,好开心,就把它藏了起来。但是等到它想吃的时候,却忘记藏到了哪里,找不到了。

听觉训练教材及答案　视觉训练答案

- 奶奶的记性不好了，东西放到哪里总是忘记。一天，她突然找到她以前藏起来的东西，于是开心得不得了。
- 宝宝想和妈妈玩捉迷藏，好让她开心，于是藏到了衣柜里，但是很快睡着了。因为忘记告诉妈妈要和她捉迷藏，所以把妈妈急了一大场。

答案：1题．乖巧，求人，忍心；
　　　2题．专注，羡慕，成绩；
　　　3题．藏，忘记，开心。

第29日评估

项　目	正确率 所占比例	效率 （高、中、低）	与前次相近题 比较（进、退）	情绪
1. 静　坐				
2. 扫视曲线				
3. 数出几个指定数字的数目				
4. 数相同图形的数目				
5. 找出三句话中相同的词组				
6. 填写缺失的汉语拼音				

第 30 日

第三项　听觉集中　数出几个指定汉字的数目

要求：家长读故事《不会说谎的王子》，学生数出指定汉字（"王"，"像"，"主"，"说"）各有几个。并回答"简答"提问。将答案写到训练报告表中。读故事的要求请参见第2日第三项。

教材：

不会说谎的王子

王子准备去向邻国的公主求婚。临行前，王后告诉他，为了得到公主的欢心，应该这样对她说："你的眼睛像蓝宝石，嘴唇像玫瑰花瓣，头发像金色的太阳。"

王子在一路上不停地重复着:"你的眼睛像蓝宝石,嘴唇像玫瑰花瓣,头发像金色的太阳。"但是当他见到公主的时候,他突然决定,即使得不到公主,也决不撒谎。

"公主,"他说"你愿意嫁给我吗?"

公主问:"你看我美丽吗?"

王子诚恳地说:"说实在的,你不漂亮。你的眼睛太大,你的鼻子上有雀斑,嘴唇太厚。"

大臣们愤怒地喊道:"你不能侮辱公主!"

"让他说完!"公主喝住了大家。

王子继续说:"你虽然不美,可是你的眼睛里有柔情,你的嘴唇含着微笑,你也没有用白粉掩盖鼻子上的雀斑。"

"好,我嫁给你,"公主笑着说,"奉承话只能欺骗蠢人,我已经等了很长时间,就是等像你这样诚实的王子来求婚。"

简单回答问题:

1题.王后是不是教给王子对公主说奉承话?

2题.王子决定:即使得不到公主,也绝不做什么?

3题.王子诚恳地对公主说她漂亮吗?

4题.公主说奉承话只能欺骗什么人,她蠢吗?

5题.公主最后是不是嫁给了王子?

答案: "王"=7,"像"=7,"主"=9,"说"=7

简答答案: 1题.是。
     2题.决不撒谎。
     3题.你不漂亮。
     4题.蠢人,她不蠢。
     5题.是嫁给了王子。

第五项　注意力测试　视觉测试

要求：

1. 把全部做完 180 题的时间写在训练报告表中。
2. 家长把学生的"测试题答卷"对照下面的"测试题答案"，找出错误个数，并计算错误个数所占的百分比。再把结果写到训练报告表中。

测 试 题 答 案

题目	1K	1H	5X	C5	A7	O2	1V	3K	9Z	X9	W8	N12	2M	L5	Z19
答案	4	9	4	5	1	8	2	6	6	4	8	7	0	3	7
题目	B5	4H	L1	12Z	19H	5L	J7	C1	I18	8R	M20	13S	2N	4Q	P20
答案	1	7	2	1	9	3	2	8	1	9	4	8	5	5	6
题目	6G	3F	3R	14Y	2T	L17	18C	4D	3X	5Y	1Q	V13	13J	4B	5R
答案	4	9	9	4	5	3	3	6	8	4	4	4	9	6	3
题目	9S	G8	B2	5J	3W	4L	7Q	13K	Z11	5T	8R	17X	9D	1Y	I4
答案	9	9	4	4	7	5	2	4	8	1	9	3	0	4	4
题目	F33	T38	27P	22D	Z21	C16	31M	24W	35H	Y37	D33	28X	33T	29O	F39
答案	8	6	1	2	7	2	3	4	6	4	4	6	7	1	5
题目	13B	G15	22X	28S	34Q	37N	9W	14J	28F	32D	37W	H34	K25	18B	I24
答案	6	4	9	3	5	8	5	4	5	9	0	9	5	3	0
题目	36X	31O	25C	23P	40H	36F	V39	4D	15K	30S	24Y	21J	H25	15X	33I
答案	9	7	4	7	8	8	9	6	2	7	4	5	4	9	5
题目	24F	28W	36G	39Q	R31	T34	H37	X32	K27	33X	29F	27X	32H	D37	T18
答案	4	2	7	2	4	6	5	7	3	6	9	8	9	0	
题目	N19	16W	14K	30F	26J	I19	28P	29W	32D	4Z	30C	27J	37F	C31	Y34
答案	9	6	5	3	2	3	9	2	9	0	3	3	8	5	7
题目	26L	21K	F28	S32	26O	24R	19X	16T	12K	38S	D39	35K	Z37	S35	H29
答案	4	9	5	9	8	2	3	6	4	1	9	1	7	7	3

题目	T26	M20	Q27	D35	31P	22K	37P	25I	34D	29J	18C	Y25	31O	22F	17P
答案	7	4	5	1	9	9	8	6	3	4	3	0	7	5	7
题目	27T	32F	40S	W39	B31	J28	A24	17K	R23	T26	30P	23N	16Q	29Y	K24
答案	4	7	6	4	7	8	1	4	7	7	4	9	2	9	5

第六项　注意力测试　听觉测试

要求：学生听家长读句子，然后重复，并把正确重复的句数写到训练报告表中。

教材：

1. 小华打电话。
2. 小华晚上打电话。
3. 小华晚上在家里打电话。
4. 小华晚上在家里用手机打电话。
5. 小华晚上在家里用爸爸的手机打电话。
6. 小华晚上在家里用爸爸的手机给奶奶打电话。
7. 小华晚上在家里用爸爸的手机给住院的奶奶打电话。
8. 小华晚上在家里用爸爸的手机给在北京住院的奶奶打电话。
9. 小华晚上在家里用爸爸的手机给在北京住院陪爷爷的奶奶打电话。
10. 小华晚上在家里用爸爸的手机给在北京住院陪爷爷治病的奶奶打电话。
11. 小华晚上在家里用爸爸的手机给在北京住院陪爷爷治病的奶奶打长途电话。
12. 小华晚上在家里用爸爸的手机给在北京住院陪爷爷治病的奶奶打长途慰问电话。

第 30 日评估

项　目	正确率所占比例	效率（高、中、低）	与前次相近题比较（进、退）	情　绪
1. 静　坐				
2. 扫视曲线				
3. 数出几个指定汉字的数目				
4. 按数序在图中找到各数				
5. 视觉测试				
6. 听觉测试				

听觉训练教材及答案　视觉训练答案

视知觉训练题目分布索引

视知觉训练在第二册中共有五类训练方式：视觉集中，视觉分辨，视觉转移，视觉理解，知觉转移。

一、视觉集中：

视觉集中的训练题在第二册中共有两种方法：（一）读数字，读拼音；（二）倒读故事，倒读成语接龙。

（一）读数字，读拼音

1. 读数字

第二册采用读250个连贯的数字，要求读得尽量快、清晰和准确。

读数字的练习在第二册中有四次，分别是：第7日，第10日，第14日，第17日。

2. 读拼音

读读汉语拼音的练习在第二册中有两次，分别是：第19日，第21日。

（二）倒读故事，倒读成语

1. 读倒写的故事

读倒写的故事的练习在第二册中有三次，分别是：第9日，第12日，第26日。

2. 读倒写的成语接龙

读倒写的成语接龙的练习在第二册中有两次，分别是：第16日，第20日。

二、视觉分辨：

第二册视觉分辨用了七种方法：（一）"找出横线两边不同的数字"、（二）"找出与框外围相同的图"、（三）"找出两个相同的图"、（四）"找出数序表中缺失的数字"、（五）"数相同图形的数目"、（六）"找出几个与标准图相同的图"、（七）"按数序在图中找到各数"。

（一）找出横线两边不同的数字

30 天注意力提升（第二阶）

第 2 日：

56712—57612	61718—61918
67943—69734	59831—59831
13598—13597	36249—36429
26480—24686	05687—06578
37501—35710	35970—39570
66891—67891	59314—59314
59842—59842	78624—78642
38725—38725	29086—29806

89734—87934	96830—96831
20375—20575	60361—90391
50739—50739	38061—35091
68721—67281	50713—70513
95383—35383	80684—80648
38024—38042	83617—81637
59250—29259	18293—38291
79414—41479	90897—90897

第 7 日：

159763—159367	638638—683638
589307—598370	795310—795310
793504—795340	248739—246739
298347—288347	983172—983127
882531—825315	861357—861375
609080—608090	225330—255303
316497—314679	590135—570135
489135—498153	146379—164793

975313—935113	575150—751750
804624—806424	628394—648392
406080—608060	902851—908215
315171—315071	180838—130383
925272—925272	301301—301301
273849—283746	690042—960024
152637—123567	805030—815131
756453—765433	013579—024680

第 12 日：

627—627	174—177
5931—5031	5698—5968
63485—63458	32570—32576
147921—227911	146870—146370
47621—47021	46832—46632
3698—3986	1125—1125
010—101	590—560

523—532	265—263
6485—4683	3796—3679
28741—28714	45213—45323
384257—384257	670632—760232
73510—73570	13529—13529
2359—2539	9841—9941
383—338	675—567

第 17 日：

3346699—3344669	5698714—5698741
6935078—9653087	8543197—8543199
0653196—0653196	7541326—7541236
3296547—3295647	2345687—2345678
1256379—1256397	2565448—2565488
9784561—9784561	0668525—0662585
4781263—4783216	3255665—3266555
6985412—6985421	9854251—9854251

1342956—1234956	9047185—9074158
4079381—4087381	5961828—5691281
7896544—7896522	1542687—1542678
1942123—1924321	9357045—9557054
7384095—7483096	3305724—3307542
3715860—3715860	6420975—6420977
5490073—5409073	2938475—2983745
8280746—8208764	1928576—1982567

　　找出横线两边不同的数字的练习在第二册中有四次，分别是：第 2 日，第 7 日，第 12 日，第 17 日。

（二）找出与框外围相同的图

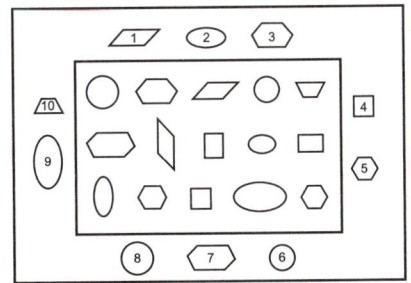
图1

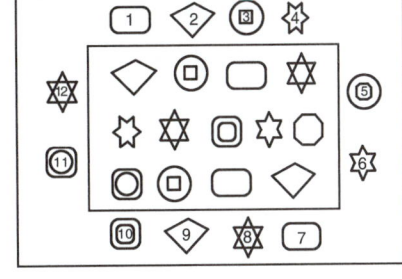
图2

第3日：

图3

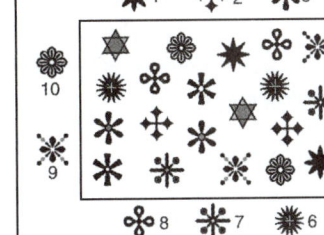
图4

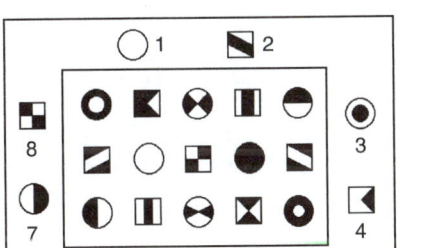
图1

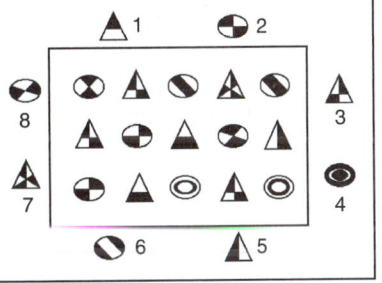
图2

第8日：
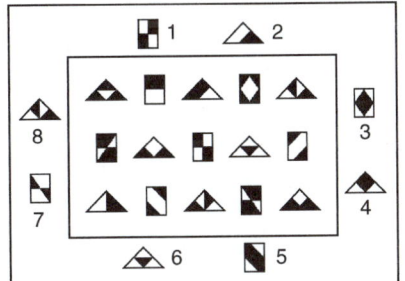
图3

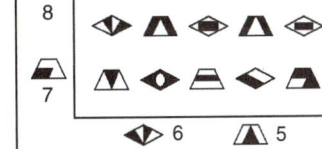
图4

第13日：
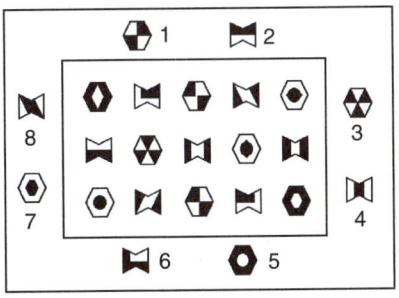
图1

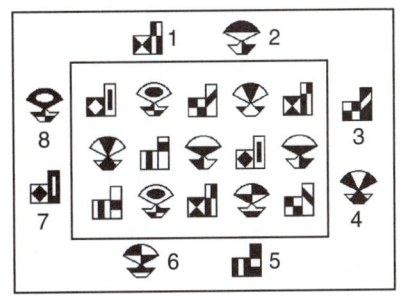
图2

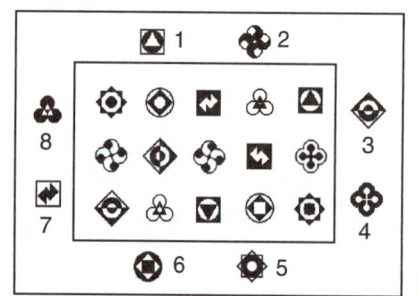

第 13 日： 图 3　图 4

找出与框外围相同的图的练习在第二册中有三次，分别是：第 3 日，第 8 日，第 13 日。

▶ **寻找最好的解题方法**

寻找时，要按照框外图案的标号顺序找，这样不会漏掉某个图案。

（三）找出两个相同的图

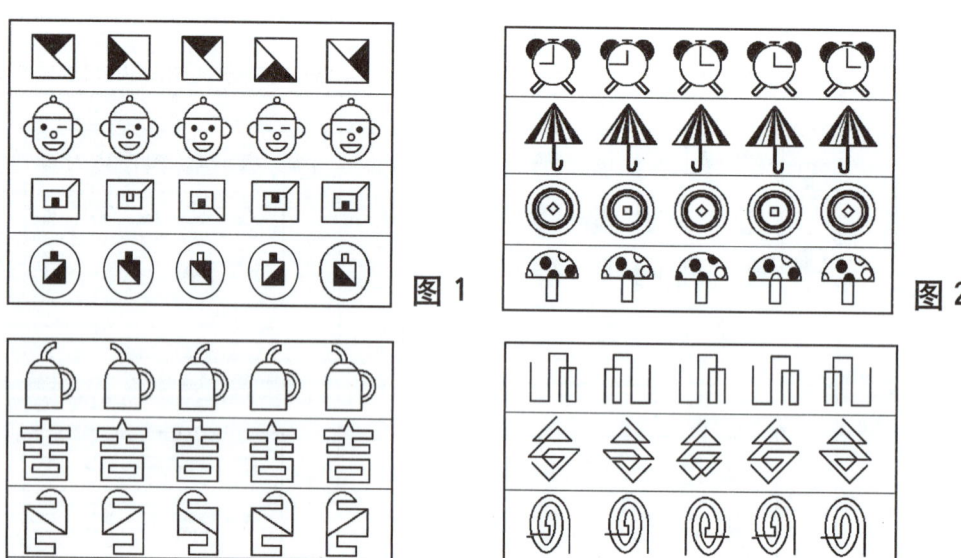

第 4 日： 图 3　图 4

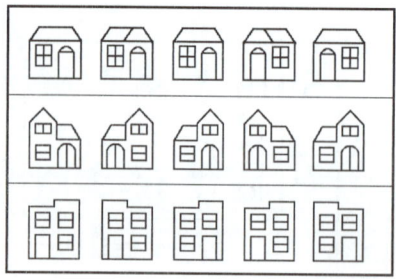

第 9 日： 图 1　图 2

图 3

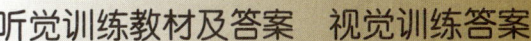
图 4

第 9 日：

找出两个相同的图的练习在第二册中有两次，分别是：第 4 日，第 9 日。

（四）找出数序表中缺失的数字

11	22	21	19	5	26
9	15	2	16	23	17
18	24	13	29	3	7
8	25	4	27	14	28

表1

30	21	15	4	18	9
13	1	25	22	17	6
26	29	11	12	28	23
2	16	8	24	7	19

表2

第 5 日：

1	23	25	11	7	19
20	13	4	9	15	16
28	30	18	29	6	3
5	14	24	27	10	21

表1

2	23	27	8	14	6
18	12	3	16	24	19
26	7	21	17	9	15
4	22	13	25	1	28

表2

第 10 日：

14	5	31	27	37
40	34	23	1	20
19	16	32	13	33
2	6	8	25	9
12	26	36	28	39
10	15	22	35	4

表1

39	28	1	10	19
17	29	13	35	5
31	9	11	24	36
23	37	15	8	38
14	26	3	18	21
6	33	27	4	20

表2

第 15 日：

30天注意力提升(第二阶)

32	28	40	12	5	3
25	8	13	33	17	29
36	2	15	9	19	21
38	11	24	26	34	6
14	20	39	16	22	18

19	30	15	29	13	10
39	21	7	2	25	1
18	23	37	33	12	38
11	22	28	14	17	34
40	24	35	16	20	26

第 19 日: ▯▯▯▯▯▯▯▯▯▯▯▯ 表 1   ▯▯▯▯▯▯▯▯▯▯▯▯ 表 2

49	2	23	39	9	30	17
14	38	11	4	44	24	32
50	41	33	22	48	7	5
29	6	16	37	42	12	40
19	46	10	35	1	21	34
8	28	47	31	3	15	27

44	25	7	17	30	45	3
28	37	13	34	43	4	50
10	35	24	48	20	18	29
36	26	16	5	42	12	38
15	27	11	33	22	9	19
31	21	14	46	1	40	47

第 24 日: ▯▯▯▯▯▯▯▯▯▯▯▯ 表 1   ▯▯▯▯▯▯▯▯▯▯▯▯ 表 2

12	38	45	3	22	48
26	6	8	35	44	9
30	39	41	13	1	50
29	37	17	43	16	11
7	15	14	36	31	10
19	24	49	18	46	28
33	23	5	25	42	20

50	4	11	27	32	47
21	34	40	9	39	19
37	28	12	44	22	46
25	26	38	42	3	17
13	33	23	14	36	41
2	43	18	31	30	20
15	24	45	6	49	8

第 26 日: ▯▯▯▯▯▯▯▯▯▯▯▯ 表 1   ▯▯▯▯▯▯▯▯▯▯▯▯ 表 2

找出数序表中缺失的数字的练习在第二册中有六次,分别是:第 5 日,第 10 日,第 15 日,第 19 日,第 24 日,第 26 日。

▶ 寻找最好的解题方法

方法参看第一册同类题。

（五）数相同图形的数目

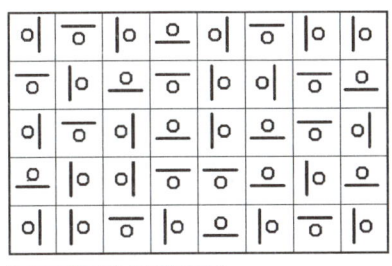

第 6 日：

第 11 日：

第 16 日：

第 21 日：

第 23 日：

第 25 日：

第 27 日：

第 29 日：

数相同图形的数目的练习在第二册中有八次，分别是：第 6 日，第 11 日，第 16 日，第 21 日，第 23 日，第 25 日，第 27 日，第 29 日。

▶ 寻找最好的解题方法

举例介绍

1. 第 21 日：

观察提示：用于启发的问题：

①图案中有几个因素？【图案中有两个因素。一个圆圈，另一部分为大十字形或小十字形，大 T 字形或小 T 字形】

②它们组合的形式有几种？【两部分组合后，有四种形式：大圆圈在下，小十字形在上；大圆圈在下，小 T 形在上；小圆圈在上，大十字形在下；小圆圈在上，大 T 形在下。】

③观察时，能否自己找到观察的方法，有几种？【观察的时候，可以有四种方法：●不管圆圈，只看下面的大十字形；●不管圆圈，只看下面的大 T 形；●不管圆圈，只看上面的小 T 形；●不管圆圈，只看上面的小十字形。】

建议都横着数。

第 21 日：

2. 第 23 日的数图建议：

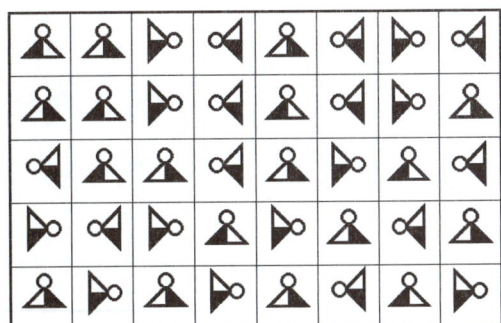

第 23 日：

3. 第 25 日的数图建议：

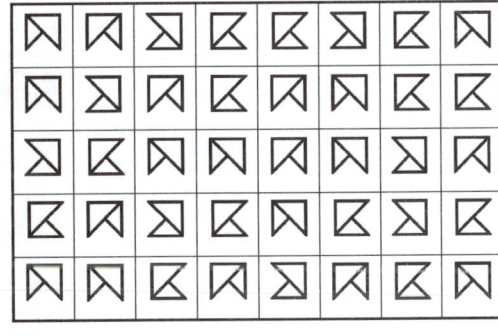

（六）找出几个与标准图相同的图

第 18 日：　　　　　　　　　　　图 1　　　　　　　　　　　　　　　图 2

第18日： 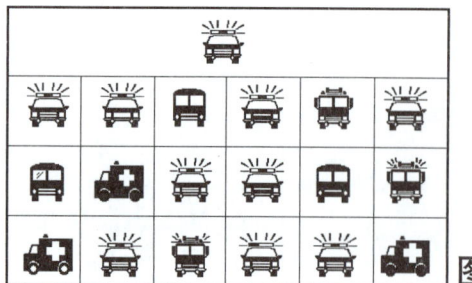 图3   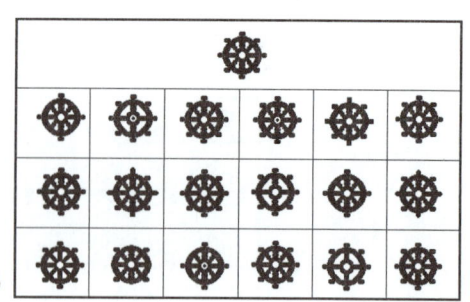 图4

第22日：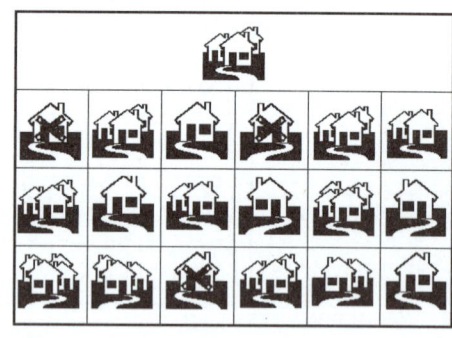

找出几个与标准图相同的图的练习在第二册中有两次，分别是：第18日，第22日。

（七）按数序在图中找到各数

按数序在图中找到各数的练习在第二册中有三次，分别是：第20日，第28日，第30日。

第20日：

3	26	21	7	28	13
25	19	5	15	2	20
17	1	23	8	14	9
10	30	18	12	22	27
24	16	4	29	11	6

图1   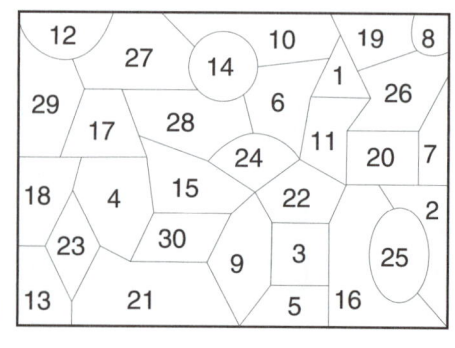 图2

第28日：

24	33	3	26	37	19	25	10
6	11	35	15	22	4	29	39
27	18	28	30	1	16	31	8
12	2	21	13	40	23	9	38
32	14	36	7	34	5	20	17

图1　图2

第30日：

18	31	26	42	17	45	30	8
24	5	32	2	40	19	38	22
37	21	15	48	36	41	4	27
11	25	6	34	9	7	29	12
47	39	46	3	13	16	33	35
1	14	20	10	28	23	44	43

图1　图2

三、视觉转移：

视觉转移训练题第二册采用了（一）算数加减法计算（二）填写缺失的数字、汉字、汉语拼音等两种类型的方法。

（一）算数加减法计算

1．算数加法计算

4	1	5
1	5	6

1题

5
1

第2日：

2题

| 7 | 8 | 5 |
| 1 | 7 | 8 |

1题

| 5 |
| 1 |

第 4 日： 2题

算数加法计算的练习在第二册中有两次，分别是：第 2 日，第 4 日

---

2. 算数减法计算

| 9 | 2 | 7 |
| 2 | 7 | 5 |

1题

| 7 |
| 2 |

第 3 日： 2题

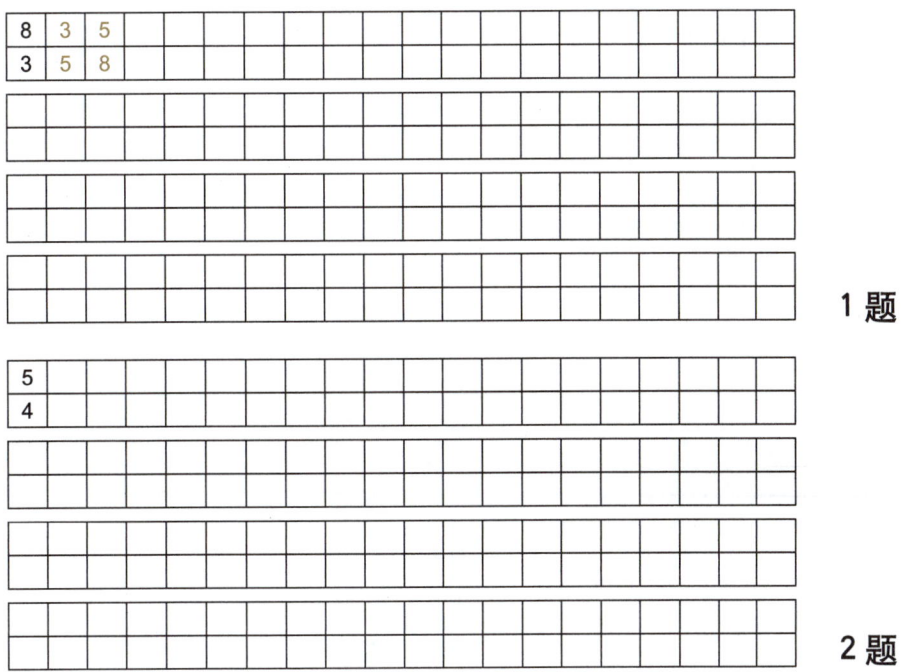

8	3	5													
3	5	8													

1题

第5日：

5															
4															

2题

算数)减法计算的练习在第二册中有两次，分别是：第3日，第5日。

(二) 填写缺失的数字、汉字、汉语拼音

1. 填写缺失的数字

第23日：

表1
```
4428810975665933446128475
6482337867831652712019091
4564856692346034861045432
6648213393607260249141273
7245870066063155881748815
2092096282925409171536436
7892590360011330530548820
4665213941469519415116094
```

表2
```
4   288  097  665  334  612  475
648 337  678  165  712  190  1
    564  566  234  034  610  543
66  821  393  072  024  141  73
7   458  006  063  558  174  815
209 096  829  540  171  364  6
    892  903  001  330  305  882
46  521  941  685  941  116  94
```

第27日：

表1
```
3305727036557595919530921 8
6117381932611793105118548
0744623799627495657351885 7
5272489122793183011194912
9833673362440656643086021
3949463952247371907021798
6094370277053921717629317
6752384674818467669405132
```

表2
```
33  572  03  575  59  953  92  8
117  81  326  17  310  11  548
07  462  79  627  95  735  88  7
272  89  227  38  830  19  912
98  367  36  440  56  430  60  1
949  63  522  73  190  02  798
60  437  27  053  21  176  93  7
752  84  748  84  766  40  132
```

填写缺失的数字的练习在第二册中有两次，分别是：第23日，第27日。

30 天注意力提升（第二阶）

2. 填写缺失的汉字

第 24 日： 表1 表2

第 28 日： 表1 表2

填写缺失的数字的练习在第二册中有两次，分别是：第 24 日，第 28 日。

3. 填写缺失的汉语拼音

第 25 日： 表1 表2

第 29 日： 表1 表2

填写缺失的汉语拼音的练习在第二册中有两次，分别是：第 25 日，第 29 日。

四、视觉理解　组字成句

组字成句的练习在第二册中有三次，分别是：第 8 日，第 11 日，第 15 日。

五、知觉转移　口手配合

口手配合的练习在第二册中有二次，分别是：第 6 日，第 13 日。